시로 풀어쓴
손자병법

시로
풀어쓴

손자병법

손자 지음 • 전재동 편역

북허브

차 례

:: 손자병법 해제(解題) ·························· 7

:: 01 시계편 (始計篇) ························· 21

:: 02 작전편 (作戰篇) ························· 43

:: 03 모공편 (謀攻篇) ························· 53

:: 04 군형편 (軍形篇) ························· 65

:: 05 병세편 (兵勢篇) ························· 75

:: 06 허실편 (虛實篇) ························· 85

:: 07 군쟁편 (軍爭篇) ························· 101

:: 08 구변편 (九變篇) ························· 117

:: 09 행군편 (行軍篇) ························· 127

:: 10 지형편 (地形篇) ························· 153

:: 11 구지편 (九地篇) ························· 177

:: 12 화공편 (火攻篇) ························· 231

:: 13 용간편 (用間篇) ························· 247

손자병법 해제

孫子兵法 解題

손자(孫子)

사마천의 사기열전에 보면 손자는 손무(孫武 : B.C. 559년~?)로, 전쟁으로 혼란스럽던 춘추시대에 태어났다. 기록에 따르면 손자는 병법을 연구한 뒤 오나라 왕 합려(闔閭)를 찾아갔다. 손무의 방문에 합려는 반가워하며 말했다. "선생이 지은 병서 13편을 내가 다 읽었소! 이제 우리나라에 오셨으니 실제로 한번 군대를 지휘해 보심이 어떻겠소?" 이에 손무가 "좋습니다!" 하니 합려는 "여자라도 괜찮겠소?"하고 물었다. "여군이라도 상관없습니다!" 손무의 대답에 합려는 신하를 시켜 궁 내의 젊은 여인들을 180명 선발해주었다. 이에 손무는 이 여성들을 두 부대로 편성하고 왕의 총애를 받는 두 사람을 뽑아 각각 부대의 대장으로 삼았다.

손무는 궁궐에서 몸을 가꾸고 예뻐져서 왕의 사랑을 받겠다는 생각뿐인 궁중 젊은 여자 180명을 강한 여군이 되게 하겠다는 생각으로 훈련을 시작했다. 이들 대열 앞에서 손무는 외쳤다. "여군 여러분! 지금부터 제군들이 이 오나라의 궁궐을 지키는 전사가 될 수 있도록 훈련을 시작하겠다. 내 말을 잘 듣고 재빨리 움직여 주기 바란다. 여러분이 잘못하면 앞에 서 있는 이 부대장 두 사람이 벌을 받게 된다. 알겠느냐?" 그러자 이들은 구석구석에서 시시덕거리며 장난기 있는 모습으로 "예!"하고 대답했다.

"잘 듣고 실천하라! 그대들은 가슴과, 왼손, 오른손, 등을 잘 알고 있지?" 여자들이 "예!"하고 고함을 질렀다. 이어서 손무가 "내가 '앞으로!'하면 자기 가슴을 보고, '왼쪽!'하면 왼손을, '오른쪽!'하면 오른손을 본다. 그리고 '뒤로!'하면 등을 본다. 알겠느냐?"하자 여자들은 아직 무슨 오락이나 하는 듯이 "예!"하고 대답했다.

이렇게 구령을 정한 뒤에 손무는 작두와 도끼 등을 가져오게 하여 앞에 놓고 여러 번 되풀이해서 말했다. 이때 강조한 것은 처벌이었다. "여러분이 잘못하면 여러분의 대장이 벌을 받는다! 알겠느냐?" 그러나 여자들은 "예!"하고 대답하면서도 아직 장난기는 사라지지 않았다. 이후 연습을 몇 번 하고 난 뒤 "이번에 잘못하면 여러분의 대장이 벌을 받을 것이니 잘 하라!" 다짐하고 북을 울리며 명령했다. "오른쪽!" 그런데 여자들은 까르르 까르르 웃고만 있었다. 이에 손무는 두 대장을 끌고 와서 소리쳤다. "내 명령을 따르지 않는 군대는 벌을 받는다. 그러니 여기 이 대장의 목을 자르겠다!"

높은 루에서 이 광경을 바라보고 있던 합려는 자기가 총애하는 궁녀가 둘이나 죽게 되자 급히 이를 멈추려고 달려와 말했다. "과인은 이미 장군의 용병이 뛰어남을 알고 또 보아 왔소! 과인은 이 두 여인이 없으면 음식 맛도 알 수 없고 잠도 못 잡니다. 부디 살려 주시고 장군은 군 진지로 돌아가시오!" 그러나 이런 왕의 말에도 손무는 단호하게 대답했다. "신은 이미 전하의 명령으로 장수가 되었고 이 궁을 지킬 근위병이 될 여군들의 훈련을 맡은 바 있습니다. 군대의 조직과 기강은 왕도 바꿀 수 없습니다!"하고 두 여군 대장을 현장에서 훈련 불이행죄로 목을 잘라 처형했다. 그리고 나서 훈련을 재개하자 궁녀들은 벌벌 떨면서 손무의 명령대로 움직였다. 그리고 강인한 여군이 되었다.

이후 손무가 "부대는 정돈되고 훈련을 시켜 이제는 강한 군대가 되었으니 오셔서 시험해 보십시오! 이 여군은 명령만 떨어지면 물속이든 불속이든 가리지 않고 뛰어들 준비가 되었습니다."하고 보고했다. 그러자 합려는 "장군은 이제 숙소로 가서 쉬세요! 과인은 보고 싶지 않소!" 했다. 이에 손무는 "전하께서는 병서의 말만 좋아하시고 실제로 병법 운용은 못 하시는군요!" 했다.

그러나 이후 합려는 손무, 곧 손자를 군 장수로 삼아 나라를 강대하게 이끌어갔다. 당시 오나라 서쪽에는 강한 초나라가 있었으나 무찔러서 수도 영(郢)을 점령했고 또한 북쪽으로 제(齊)나라와 진(晉)나라를 눌러 천하에 손자병법이 뛰어났음을 알게 하였다.

병법(兵法)

1972년 4월 산둥성 임기현 은직산의 한나라 고분(B.C. 134)에서 죽간에 일만 일천여 자로 쓰인 손자병법 13편과 손빈병법이 발굴되었다. 이 발굴 전까지는 손자병법이 춘추시대뿐만 아니라 전국시대의 것인 듯한 병법까지 담고 있어서 저자가 손무가 아니라 그가 죽은 지 100여 년 뒤 전국시대의 후손인 손빈이라는 주장이 있었다. 그러나 이 발굴 이후 그 동안의 논쟁은 말끔히 정돈되었다. 손자병법은 손무가 썼고 손빈병법은 손빈이 썼다는 것이 공인된 것이다.

손빈의 이야기를 좀 곁들이면 손빈(孫臏)은 제나라의 장군이 된 사람으로 손무의 후손이다. 그는 친한 벗 방연(龐涓)과 함께 귀곡자 문

하에서 병법을 배웠다. 그러나 동문수학하던 방연은 친구 손빈의 재능이 자신보다 월등하여 시기했다. 시간이 흘러 방연이 위나라 혜왕(惠王)을 섬겨 장수가 되었을 때 그는 혜왕에게 손빈을 추천하여 벼슬을 하게 해 놓고 남몰래 모함하여 죄를 씌웠다. 이로 인해 손빈은 두 다리를 잘리고 얼굴에도 먹물로 묵형(墨刑)을 당하게 되었다. 다시는 장수 노릇을 못하게 된 것이다.

그러나 손빈은 제나라 사신에게 발견되어 사신의 수레를 타고 제나라로 가게 된다. 이후 손빈은 제나라 위왕(威王)과 장수 전기(田忌)의 눈에 띄어 등용되어 신임이 두터웠다. 뒷날 위(魏)나라가 조(趙)나라와 함께 한(韓)나라를 공격할 때 제나라는 한나라를 도왔는데, 이때 제나라 장수 전기는 위나라 대량(大梁)을 침공했다. 그런데 이때 위나라 장수로 한나라에 침입했던 방연은 급히 군사를 빼돌려 위나라 도읍 대량으로 돌아가려 했다. 그러나 마릉(馬陵)의 좁은 길목에서 손빈의 계략으로 협공 당해 패하여 결국 자결한다. 여기서 전략가로서의 손빈은 천하에 유명해졌다. 손빈이 제손자(諸孫子) 89편을 쓴 것이 이때다.

이때는 흔히 말하는 춘추전국시대로, 그야말로 단 하루도 싸움 없는 날이 없던 전쟁시대였다. 전 세계 어느 역사를 보아도 전쟁은 매일같이 있었던 것이 사실이지만 특히 손자병법이 생긴 춘추시대, 손빈병법이 생긴 전국시대는 이 같은 병법이 저술되고 실용될 수밖에 없는 시대였다.

이 같은 전쟁 전문 서적인 무경칠서(武經七書)로 손자병법, 오자, 사마법, 위료자, 육도, 삼략, 이위공문대가 있다. 이 가운데서 특히 손자병법은 그 책의 구성이나 문장의 화려하고 세련된 기법이나 전략과 전술의 현실성이 월등해서 비교가 안 되는 최고의 병서로 평가받고 있다. 손자병법은 총 6,600여 자(字)로 구성된 13편의 작은 책인데, 이것은 오나라 왕 합려만 읽은 것이 아니었다. 반고의 한서 예문지를 보면 손자병법 82편과 그림 9편이 있다. 또 당나라의 두목(杜牧)은 "손자가 수십만 자의 글을 썼는데 조조가 그 알짜배기를 간추려 13편을 엮었다."고 손자병법을 언급했다. 당나라 때는 손자병법이 일본으로 전래되어 많은 주해본이 나왔다 한다. 또 서양에도 번역되어 프랑스어로 된 손자병법을 나폴레옹이 읽었다는 이야기도 있을 정도로 손자병법을 해설한 150여 종의 다양한 주석서들이 있지만 그 중에서도 위나라 조조가 쓴 것이 가장 놀랍고 빼어난 것으로 알려져 있다.

손자병법은 단순히 전투의 전략뿐 아니라 처세술로도 중요한 기능을 가진다고 보았다. 따라서 정치가들이 이 책을 통해 인간 다스림을 배우기도 하고 조선 근대에는 한때 초시의 교재로 쓰기도 하였다. 독일의 빌헬름 황제 2세도 1차 세계대전에 패한 뒤 손자병법을 읽고는 "내가 이 책을 20년 전에만 읽었더라면!"하고 탄식했다 한다.

그러므로 손자병법을 역주하면서 필자는 이 내용을 인간학

(Anthropology)적으로 조명하고자 했다. '사람이 무어냐?' '왜 그랬느냐?'하는 인간 이해의 길목에서 손자병법을 읽자는 것이다. 정복욕으로 국토를 넓히거나 정권을 탈취하는 데 필요하면 사람을 죽이기도 하고 내쫓기도 하는 살벌한 정치풍토를 보면서 인간 이해를 위한 해석으로 읽자는 것이다.

간략하게 말하자면 손자병법의 핵심 내용은 잠깐 싸워 이기는 것이다. 장기전은 소모전으로 승자도 패자도 없는 것뿐이라고 한다. 그러므로 장군은 그 싸움의 허와 실을 재빨리 파악하고 싸움에서 주도권을 잡아야 한다. 또한 전쟁을 하려면 그 현장의 지리적 여건을 정확하게 알아야 하고 장군의 지휘권을 절대 신임해야 한다. 특히 가장 중요한 작전은 간첩이다. 거짓으로 적을 상대하여 넘어뜨리는 것이 전쟁의 참 병법이다. 그래서 손자는 전쟁에서 거짓으로 격전을 전개해야 한다고 한 것이다. 전쟁 파악은 간첩활동을 얼마나 했느냐, 즉 반간(反間)작전을 어떻게 했느냐에 달려 있다 했다.

손무(孫武)라는 이름도 과(戈)라는 창과 전쟁을 그만 둔다는 지(止)의 합성문자임을 볼 수 있다. 즉 정말 위대한 장군은 전쟁하지 않고 이겨야지, 싸워서 이기는 것은 대단치 않다는 뜻이다. 그래서 손무(손자)의 병법이 싸우지 않고 이기는 법이다. 병가(兵家)는 결코 호전가(好戰家)가 아닌 것이다. 필자도 전쟁이라면 제2차 세계대전, 6.25 전쟁을 몸으로 겪은 세대지만, 그 몸서리치는 전쟁의 비극을 일으킨 자들은 죽어서도 하늘나라에서 심판과 저주를 받을 것이라고 하는 이들이 많다. 그런 의미에서 손자병법은 전쟁 가이드가 아니라 비전(非戰)으로 승리하는 인간학의 교재가 되는 것이다. 전술가는 인간을 알고 인간을 처리하여 전쟁의 참화를 입지 않고 참 평화를 누리는 데 그 근본이 있는 것이다. 그러기 위해서 전술이 필요하다는 것이다. 싸우지 않기 위해서 싸움을 배운다는 역설이 가능한 것이다. 전쟁도 평화도 다 사람의 일이다. 사람을 바로 알면 이 둘의 문제는 다 풀린다는 것이다.

하이데거(Heidegger)는 인간의 참 모습을 경쟁, 우연, 전쟁, 죽음 등 넷으로 구분하여 설명한다. 경쟁은 모태에 잉태될 때부터 시작되어 약 1억 대 1의 경쟁을 뚫고 수정되어야만 엄마의 태에 자리 잡을 수 있다. 태어나서도 죽을 때까지 끝없는 경쟁 속에서 생존하다가 죽어야만 경쟁은 끝난다. 인간은 생존 시 내게 한시 앞에 닥칠 일이 무엇인지도 모르고 산다. 그 모른다는 것이 때로는 위로가 되고 때로는 괴로움으로 닥친다. 그리고 전쟁! 이는 인간이 결코 피할 길이 없는 역사적인 단계이다. 민족이나 국가 형태로 또는 지역단위마다 크고 작은 전쟁은 사람을 잠시도 놓아 주지를 않는다. 그러다가 끝내는 죽음으로 마감한다. 그러나 이 죽음은 육체적인 것이지 존재론적인 것은 아니다. 예술가는 작품을 남겨 그 존재의 의미를 영원히 남긴다. 사상도 신앙도 영원할 수 있다. 이것이 바로 인간학적인 관점에서 이야기하는 것이다.

이와 같이 손자병법도 인간 생존을 위한 수단으로써 자기 존재나 국가를 역사 속에 남기자는 데 근원적인 의미가 있는 것이다. 그러므로 왕의 통치, 외교, 군사의 교과서인 손자병법을 인간학의 교재로 삼아 읽는다면 독자 제현은 놀라운 지성의 새로운 소득이 있을 것이다.

01

시계편  始計篇

전쟁을 시작하기 전에 먼저
무엇을 계획하고 어떤 준비를 할 것인가?
상대 국가의 군사력을 우리와 비교하고
경제사정, 국민의 정신상태를 검토한다.

손자병법 13편의 기본적인 내용과
총론적인 상황을 검토해야 한다.
다섯 가지 기본 요건은 마련되었는가?
일곱 가지 계획을 세웠는가?

용병술과 상황변화에 대한 대책,
그리고 사전 정보를 주도면밀하게
분석하고 작전을 세웠는가?
작전팀과 정보팀의 상호협조는 되었나 살핀다.

1-1

전쟁은 나라의 중대한 일이라고
손자(孫子)가 말했다.
백성의 죽고 사는 것과 나라의 존망이 달렸으니
정말 신중하게 살피고 해결해야 한다.

전쟁은 잔인하여 죽음과 굶주림으로
생지옥이 되고 절망의 현실이 되니
지도자는 가능하면 전쟁이 발생하지 않도록
최선을 다해야 한다.

춘추시대의 중국은 임금들이나 제후들이
자신의 이권이나 공명심을 위하여
무모하고 계획없이 전쟁을 일으켰다.
전쟁은 늘 신중하게 검토해야 하는 중요한 것이다.

孫子曰 兵者는 國之大事라 死生之地요 存亡之道니 不可不察也니라.
손자왈 병자   국지대사   사생지지   존망지도   불가불찰야

주해

• 兵(병) : 본래 무기나 군대를 가리키나 여기서는 전쟁을 의미한다.
• 地(지) : 전쟁마당
• 存亡(존망) : 살아남는 것과 멸망함.
• 察(찰) : 신중하게 살피다.

1-2

손자는 전쟁을 시작하기 전에
반드시 다섯 가지 기본을 준비하고
일곱 가지 계획을 세워서
이길 수 있도록 준비해야 한다고 했다.

전쟁이 시작되면 준비는
이미 늦어진 것이다. 그래서
반드시 사전 준비가 철저해야 함을
손자는 강조하고 있다.

적군의 상황에 맞는 대책이 있은 다음에
전쟁을 시작해야 한다고 강조한다.
그 구체적인 5사(事) 7계(計)는
다음 항에서 말하고 있다.

故로 經之以五事하고 校之七計하여 而索其情이니라.
고   경지이오사   교지칠계   이색기정

- 經(경) : 기준이나 법도
- 校(교) : 적군의 전력을 비교한다.
- 索基精(색기정) : 실정을 탐색한다.

1-3

전쟁의 기본이 되는 다섯 가지는
도(道)와 하늘(天)과 땅(地)과
장수(將帥)와 법(法)이다.
이 다섯 가지를 잘 알아야 한다.

전쟁의 원인은 올바른 도리에 맞아야 한다.
하늘은 우주법칙이 만물을 지배하니
기후 변화를 알아야 한다.
지리는 자연 환경을 잘 적용해야 이긴다.

장수는 군 조직과 기강을 총 지휘하니
그 영향은 전쟁의 절대 조건이 된다.
끝으로 법은 규칙과 질서와 명령으로
전쟁의 실상을 지배하는 것이다.

一曰道요 二曰天이요 三曰地요 四曰將이요 五曰法이니라.
일왈도　　이왈천　　삼왈지　　사왈장　　오왈법

주해

• 道(도) : 올바른 도리다. 전쟁의 명분이 바로 여기에 있다. 하늘에 합당한 정의가 있어
야 승리할 수 있다. 백성이 공감해야 한다.

1-4

도(道)는 백성이 임금과 뜻을 같이하고
임금과 함께 죽기도 하고 살기도 하여
위험한 것을 두려워하지 않는
의리를 지니게 하기도 한다.

도는 전쟁의 명분을 말한다.
명분이 확실해야 백성이 용감하게 싸우고
군사로 출전해도 피하지 않는다.
모두 일치단결하게 된다.

군대가 강해도 명분이 없거나 약하면
싸움을 이기지 못한다.
손자는 도덕적 공인과 정신 무장이
전쟁에 승리를 안겨준다고 했다.

道者는 令民與上同意也라.
도자   영민여상동의야
故로 可與之死하고 可與之生하며 而不畏危也니라.
고   가여지사   가여지생   이불외위야

주 해

• 上(상) : 임금, 군주
• 不畏(불외) : 두렵지 않다.

1-5

하늘(天)은 흐리고 맑은 날씨와
추위와 더위가 있고, 계절따라
기후가 변하는 것을 전쟁에서는
잘 알고 작전해야 함을 말한다.

유럽 정복자 나폴레옹이 러시아를
50만 대군으로 쳐들어갔을 때
모스크바를 점령하고도 후퇴하는
패배를 당한 것은 한겨울 추운 날씨 때문이었다.

손자는 음양과 환희의 차이를
전략에 이용하는 장수가
전쟁에서 승리할 수 있다고 했다.
하늘을 알아야 이길 수 있다.

天者는 陰陽寒暑時制也라.
천자   음양한서시제야

주 해

• 陰陽(음양) : 흐림과 맑음, 날씨
• 時制(시제) : 사시(四時)계절을 제어하는 것

1-6

땅(地)은 멀고 가까운 곳, 험하고 평탄한 곳,
넓고 좁은 곳, 죽을 곳과 살 곳을 말한다.
지형을 모르고는 작전을
제대로 수행할 수 없는 것이다.

을지문덕 장군도 살수대첩에서
청천강 주변의 지형을 잘 알고
이용하여 큰 승리를 거둔 역사가 있다.
작전 지역을 잘 모르면 질 수 있다.

임진왜란 때 왜장이 문경새재를 지나면서
적군이 이곳에 만약 매복했다면
우리는 전멸되고 말았겠다 했는데
권율의 충주 배수진 작전을 꼬집은 말이다.

地者는 遠近險易廣狹死生也라.
지자   원근험이광협사생야

주 해

• 險易(험이) : 험한 지형과 평탄한 곳
• 死生(사생) : 죽을 곳과 살 곳

1-7

장수(將帥)는 군의 지휘자로서
지혜와 믿음이 두텁고
어질고 용감한 인품을 지니고도 엄격하여
평소에 존경받는 인물이라야 한다.

손자는 장수가 갖추어야 할
이 다섯 가지 인격 조건을
강조하여 부하들에게
신실한 인품을 지녀야 한다 했다.

장수의 의리는 어짐과 용기 속에
엄격한 자세가 덕목이 되는
요건임을 알고 부하 참모들과의
끈끈한 인격관계를 잘 유지해야 한다.

將者는 智信仁勇嚴也라.
장자   지신인용엄야

주 해

• 智(지) : 슬기로움.
• 嚴(엄) : 엄격한 성격

1-8

법(法)은 군대의 편성이나
직제나 군수품의 조달 등을 말한다.
군의 힘은 개개인의 실력보다도
대오를 이룬 조직의 힘이 더 중요한 것이다.

군부대 간의 협력, 전후방의 연락,
보병과 중화기부대 간의 작전유대에서
서로가 원만한 관계로
작전을 수행해야 한다.

전쟁의 승리를 위해서
군의 단체법을 엄격히 수행하여
맡은 직능을 잘 감당해야
승전을 가져올 수 있다.

法者란 曲制, 官道, 主用也니라.
법자   곡제   관도 주용야

주해

- 曲制(곡제) : 군대의 편제(編制), 고대 중국에서는 5명(伍), 10명(什), 50명(隊),
  100명(曲), 200명(官), 400명(部), 500명(旅)으로 조직했다.
- 官道(관도) : 군대 직제, 장수 이하 편대장들의 복무 규정
- 主用(주용) : 군대에서 주관하여 사용하는 것, 군비와 보급

1-9

무릇 다섯 가지는 장수치고 못 들은 이가
없이 다 알 것이다. 이것을 잘 알면
전쟁에서 이기고, 이런 것도
모르면 결코 이기지 못한다.

군대의 지휘자로서의 장수라면
적어도 이 다섯 가지는 다 알 것이다.
전쟁에 대한 지식은 대개
몸으로 익힌 것이 대부분이다.

작전을 세울 때는 이런 지식을
바탕으로 하여 전쟁 준비도 하고
전쟁 수행을 해나가는 것이다.
여기서도 아는 것이 힘이 된다.

凡此五者는 將莫不聞이라. 知之者는 勝하고 不知者는 不勝이니라.
범차오자 　장막불문　 　지지자　 승　 부지자 불승

주해

• 莫不聞(막불문) : 듣지 못 할 자가 없다(이중부정), 실전에 응용할 사전 지식을 말한다.

1-10

손자는 일곱 가지 계책을 말하여
서로간에 전력 비교로 사전에
판단을 정확히 하여 전쟁해야
승리를 확신할 수 있다고 하였다.

임금이 나라 다스림을 더 잘 했느냐?
장수의 능력이 더 우수하냐?
기후와 지형의 조건을 더 잘 아느냐?
법령 시행도 더 잘 되고 있느냐?

병력은 더 강하냐?
병사들 훈련은 더 잘 되었느냐?
상벌의 기준은 더 공평하냐?
이런 일곱 가지 사정을 비교해야 한다.

故로 校之以計하야 而索其情이니라. 曰 主孰有道아, 將孰有能가,
고　　교지이계　　　이색기정　　　왈 주숙유도　　　장숙유능
天地孰得가, 法令孰行가, 兵衆孰强가, 士卒孰鍊가, 賞罰孰明가,
천지숙득　　법령숙행　　병중숙강　　사졸숙련　　상벌숙명
吾以此로 知勝負矣로다.
오이차　　지승부의

주해

- 校(교) : 비교, 전쟁 상대국과의 비교 검토
- 孰(숙) : 누가, 어느 쪽이
- 得(득) : 유리한

1-11

장수가 내 계책을 들어 쓴다면
반드시 이길테니 나는 그냥 머물 것이다.
장수가 이것을 쓰지 않는다면
반드시 패배할 것이니 나는 떠날 것이다.

오나라 임금 합려가 내 계책을
채택한다면 머물고, 안 하면 떠나겠다.
그만큼 승리를 확신한 것이다.
장수가 이런 신념이 있어야 한다.

손자는 이런 부국강병책이 있으니
어느 나라에 가서도 이길 것을 확신한다.
장수는 이 정도의 신념은 있어야
한 나라를 이끌어 승리할 수 있다.

將이 聽吾計하고 用之면 必勝이니 留之라.
장   청오계   용지   필승   류지
將이 不聽吾計하고 用之면 必敗니 去之니라.
장   불청오계   용지   필패   거지

주해

• 聽(청) : 계획을 들어 주다.
• 用之(용지) : 쓴다면, 채택한다면

32

1-12

계책이 유리하여 장수가 받아들이면
형세가 좋아져 외부의 도움을 받을 수 있다.
그 형세는 이로움을 근거로
형편에 따라서 계책을 쓰게 된다.

전쟁은 그냥 무력충돌로 끝나지 않는다.
그래서 사전에 유리한 나라와
동맹을 맺어 두면 반드시
국제여론에서 유리해지는 것이다.

러일전쟁 때(1904~5)는 일본이
영국과 동맹관계로 유리한
국제여론을 가진 것이 힘이 되었다.
전쟁에 도움되는 정보도 받은 것이다.

計利以聽이면 乃爲之勢하여 以佐其外니라.
계리이청   내위지세   이좌기외
勢者는 因利而制權也니라.
세자   인리이제권야

주 해

- 勢(세) : 전쟁 수행의 형세
- 佐(좌) : 원조, 돕다.
- 制權(제권) : 임기응변으로 처리하다.

1-13

병법은 임기응변의 속임수다.
죽기 살기로 하는 전쟁은
평상시와는 다르게
특수한 상황으로 행동할 수밖에 없다.

수단 방법 가리지 않고
필요에 따라 적응하며 행동한다.
최대한 전과(戰果)를 거두기 위해서
상대의 허점을 찌르는 작전을 한다.

거짓으로라도 임기응변으로
대처하는 전쟁 수행을 잘 해야
승리할 수 있는 용병과
계책을 수행하는 것이다.

兵者는 詭道也니라.
병자   궤도야

• 詭道(궤도) : 상황에 따라서 속임수로 적을 제압하는 것, 속이는 수단

1-14

그런 때문에 능력이 있지만
할 수 없는 체 하고
사용하면서도 안 쓰는 체 하며
가까운 데를 노리며 먼 데를 생각하는 체 한다.

옛날 정나라 무공(武公)이 호나라를 치려고
먼저 딸을 그곳 군주에게 시집보냈다.
그리고 용병하며 어느 나라를 칠까? 하자
관기사(關其思)가 호나라를 치자 했다.

무공은 곧 관기사를 죽였다.
호나라 군주가 철석같이 믿을 때
무공은 호나라를 쳐서 점령했다.
속임수 작전의 성공이었다.

故로 能而示之不能이라. 用而示之不用이라.
고   능이시지불능   용이시지불용
近而視之遠하고 遠而示之近이니라.
근이시지원   원이시지근

주 해

• 示(시) : ~처럼 여기다, 보이다.
• 示之近(시지근) : 가까운 데를 노리다.

1-15

적이 이롭다 여기도록 하여 꾀어 내어
적을 혼란하게 한 뒤에 쳐들어가서
싹 뺏어 온다. 그리고
적이 실력을 갖추어 강하면 피한다.

미리 던져 유인하고 적의 내부를
뒤흔들어 교란시키면
공격하기 쉽고 뭐든지 빼앗을 수 있다.
공격하기 전에 어느 정도 강한지 알아야 한다.

1614년 일본 도요토미가 죽은 뒤에 그 아들 히데요리가
오사카 성을 지킬 때 도쿠가와 이에야스가
바로 이런 작전으로 오사카 성을 점령한 것이다.
적의 허점을 발견하고 속여서 점령한 것이다.

利而誘之하고 亂而取之하며 實而備之하고 强而避之니라.
이이유지　　　난이취지　　　실이비지　　　강이피지

주해

• 誘(유) : 꾀어내다. 유인하다.
• 亂(란) : 적을 교란시키다.
• 取(취) : 치고 뺏고 빠지는 작전

1-16

적을 노엽게 하여 어지럽히고
스스로를 낮추어 적을 교만하게 한다.
적은 스스로 강자인 체 하도록 부추기고
아군은 보잘 것 없게 여기도록 한다.

생각 깊은 장수는 적장을 자극하여
참지 못하도록 도발한다.
그리고는 천하에 자기를 이길 자는
아무도 없다고 여겨 교만해지게 한다.

전쟁에서 이기려면 적을 속여서
상대를 업신여기도록 교만하게 만든다.
작전상 적장을 부추겨 별 준비 없이
도전에 응하도록 유인하여 이긴다.

怒而撓之하고 卑而驕之니라.
노이요지   비이교지

주|해

• 撓(요) : 어지럽다, 혼란하다.
• 卑(비) : 적이 업신여기도록 자신을 낮추다.

1-17

편안한 적은 지쳐 빠지게 만들어 두고
적들이 서로 친밀하면 서로 미워하게 만든다.
적이 편하면 서로간에 신임이 두텁고
서로 친밀하게 지내는 적은 행동통일이 잘 된다.

촉한의 유비는 222년 4만 군사로 오나라를 공격했다.
관우가 오장 여몽의 계략에 패사하자 유비는
이도와 효정을 쳐서 이기고 무협에서 이릉까지 150리에 진을 쳤다.
이 오나라 육손은 적군이 지치도록 기다려 크게 이겼다.

적이 신뢰와 의리로 뭉친 군대면 이길 수 없다.
먼저 적을 흔들어야 한다. 호패왕 항우가 참모 범증을 파면한 것,
위나라 조항이 공면의 병권을 일시 박탈한 것처럼
이간질로 상대 내부를 뒤흔들어 놓고 공격한다.

佚而勞之하고 親而離之라.
일이로지   친이리지

주 해

• 佚(일) : 편한 일, 일하지 않고 노는 것
• 離(리) : 사이가 벌어지다. 서로 헤어지다.

1-18

적이 방비가 없을 때 공격하라!
전혀 생각 못할 때 쳐들어가라!
태무심하고 손 놓고 있을 때
공격하면 반드시 이길 수 있다.

전쟁에서 이기기 위해서는
적을 한시 반시도 잊지 않고
호시탐탐 기회를 노리며
때를 잡아야 승리할 수 있다.

상대의 약점을 재빨리 발견하고
기회를 노려 신속하게 이용하여
전쟁을 반드시 이겨야 하는 것이다.
아무리 완벽해도 허점이 있게 마련이니 찾아야 한다.

攻其無備하고 出其不意니라.
공기무비   출기불의

주 해

• 無備(무비) : 무방비, 준비 없이
• 不意(불의) : 뜻밖에, 경계를 소홀히 하다.

1-19

이것은 병가의 이기는 비결이다.
결코 적을 살려주어서는 안 된다.
전쟁은 이김이 목적인지라
완벽한 작전 계획이 필요한 것이다.

그 어떤 작전이라도 적에게 알려지면 안 된다.
전쟁 수행 능력의 중요함을 알고
승리를 위해 작전을 세울 때에는
비밀을 원칙으로 해야 한다.

적군을 고립시키고 분열을 일으켜
승리할 수 있는 조건을 만들어 놓고
공격하면 반드시 승리할 수 있다.
이 완벽한 작전도 적에게 노출되면 실패한다.

此는 兵家之勝이니 不可先傳也니라.
차   병가지승   불가선전야

주 해

• 兵家(병가) : 군 지도자, 전쟁 전문가
• 傳(전) : 전하다, 작전이 노출되다.

1-20

전쟁 전에 작전회의에서
전력이 우세하면 이길 확률이 높지만,
전력이 약하면 이길 확률이 낮은 것이다.
늘 대비하여 전력 증강을 꼭 해야 한다.

승산이 없는 경우에는 평화 회담으로
작전을 대신하여 추진해야 한다.
승산이 있느냐 없느냐를 정확히 파악하고
승패를 미리 내다봐야 한다.

전쟁에 나가기 전에 임금과 신하가
반드시 종묘에 알리며 철저한
작전 계획을 세우고 시작해야 한다.
반드시 미리 전력을 검토해야 한다.

夫未戰而廟算勝者는 得算多也요 未戰而廟算不勝者는 得算少也라.
부미전이묘산승자   득산다야   미전이묘산불승자   득산소야
多算勝이고 少算不勝而況於無算乎아. 吾以此觀之면 勝負見矣니라.
다산승   소산불승이황어무산호   오이차관지   승부견의

주해

• 廟算(묘산) : 종묘에 고하다, 승리를 산정하다.
• 況(황) : 하물며
• 見(견) : 예견하다.

41

02

작전편 作戰篇

전쟁은 반드시 이겨야 한다.
승전을 위해 작전 계획을 세운다.
작전 수행이 바로 전쟁의 현장이다.
이기려고 싸우는 것이다.

전쟁은 반드시 단기 작전이라야 한다.
오래 끌면 국가경제가 무너지고
국민정신이 비참하게 된다.
경제위기는 국민생존을 위협한다.

군수품은 국가경제를 무너지게 한다.
군량미와 작전용품인 군수품은
작은 소비로 이기도록 작전 수행을 해야
국가 존망이 결정되는 것이다.

2-1

손자가 말했다. 전쟁을 하려면
전차 일천 대, 수송차 일천 대,
갑옷 입은 군사 10만 명, 천리 밖에 군량 보급을 위한
준비가 있어야 한다.

뿐만 아니라 나랏돈과 사신의 접대비,
옻칠 등의 재료비, 차량과 갑옷의 보충비,
이런 비용이 매일 천금이나 들어간다.
이를 감당할 힘이 있어야 10만 군사를 움직인다.

이렇게 전쟁에는 막대한 비용이 든다.
그래서 전쟁을 하기 위해서는 반드시
군사력과 경제력이 탄탄해야 한다.
전쟁은 한편 돈 싸움이라 할 수 있다.

孫子曰 凡用兵之法은 馳車千駟와 革車千乘과 帶甲十萬으로
손자왈 범용병지법　 치거천사　 혁거천승　 대갑십만
千里饋糧이면 則內外之費와 賓客之用과 膠漆之材와 車甲之奉이
천리궤량　 즉내외지비　 빈객지용　 교칠지재　 거갑지봉
日費千金하리니 然後에라야 十萬之師를 擧矣니라.
일비천금　 연후　 십만지사　 거의

주해

• 馳車(치거) : 말 네 필이 끄는 전차　　• 駟(사) : 말 네 필
• 革車(혁거) : 군수품 운반 차량　　• 膠漆(교칠) : 아교와 칠, 궁시 제작에 쓴 재료

2-2

전쟁에는 승리가 귀중하다.
그런데 전쟁이 길어지면 군대가 둔해지고
제후들이 틈타 일어나고 비록 슬기로운 자가
있다 해도 뒷일을 처리하지 못한다.

전쟁이 오래가면 안으로는 재정이 바닥나고
밖으로는 제3국이 틈을 노린다.
군사는 지쳐서 사기가 떨어지고
성을 공격해도 소모전이 되고 만다.

그러니 전쟁은 참고 참다가
부득이할 때 싸움에 나선다.
그러니 속전속결만이 가장 좋은
작전이 될 수밖에 없다.

其用戰也는 貴勝이니 久則鈍兵挫銳니라. 攻城이면 則力屈이요
기용전야   귀승   구즉둔병좌예   공성   즉력굴
久暴이면 則國用이 不足이니라. 夫鈍兵挫銳하고 屈力殫貨하면
구폭   즉국용 부족   부둔병좌예   굴력탄화
則諸侯乘其弊而起니 雖有智者라도 不能善其後矣니라.
즉제후승기폐이기   수유지자   불능선기후의

2-3

그러니까 전쟁이란 졸렬해도
빨리 끝내는 것이 좋다.
전쟁을 잘 해도 오래 끌면 불리한 것이다.
오래 끌어 좋다는 말을 들은 적이 없다.

전쟁이 주는 비참함을 모르면
전쟁의 이로움도 모른다. 이것이
전쟁의 진실이요, 비극이다.
전쟁은 아픔과 이득을 주는 두 얼굴이다.

1339년에 시작한 영불(英佛) 간의
100년 전쟁은 정말 두 나라에는
몸서리치게 괴로운 싸움이었다.
상인들의 이권 싸움도 그 속에 있었다.

故로 兵聞拙速하고 未睹巧之久也로다. 夫兵久而國利者 未之有也라.
고　　병문졸속　　　미도교지구야　　　부병구이국리자 미지유야
故로 不盡知用兵之害者는 則不能盡知用兵之利也니라.
고　　부진지용병지해자　　즉불능진지용병지리야

주|해

• 拙速(졸속) : 졸렬한 방법이지만 속히 끝낸다.
• 未睹(미도) : 본 적이 없다.

2-4

군사 전문가는 두 번 다시
전쟁을 일으키지 않고,
군량미를 세 번씩 실어가지 않는다.
장비는 본국 조달하고 군량미는 현지 조달한다.

이래서 군사의 양식은 늘 넉넉하다.
배고픈 군대는 도적떼 노릇하고
나라 지킴은 뒷전이 되기 때문이다.
군대는 전문가에게 맡겨야 한다.

탁월한 장수는 속전속결로 끝낸다.
장정을 두 번씩이나 징집하지 않고
군량미는 세 번씩이나 실어가지 않는다.
용병술이 전쟁을 승리하게 한다.

善用兵者는 役不再籍하고 糧不三載라.
선용병자   역부재적   양불삼재
取用於國하고 因糧於敵이니 故로 軍食은 可足也니라.
취용어국   인량어적   고   군식   가족야

주 해

• 三載(삼재) : 군량미를 여러 번 실어오다.
• 於敵(어적) : 적지에서 빼앗아 군량미를 조달한다.

2-5

나라가 가난해짐은 군수품을
먼 데까지 실어가기 때문이다.
그러면 백성이 가난해진다.
군대가 근처에 있으면 물가가 오른다.

그러면 백성은 재물이 바닥나고
재물이 없으면 징발이 아주 어려워진다.
전쟁은 사람도 물질도 바닥나고
나라는 곤궁하고 사회는 어지럽게 만든다.

그래서 유능한 장수는 뛰어난 전술로
적을 제압하고 물자를 아군에게 돌려놓고
재빨리 전쟁을 끝내려 한다.
그렇지 않으면 나라가 위태로워진다.

國之貧於師者는 遠輸也라. 遠輸면 則百姓이 貧이니라.
국지빈어사자   원수야   원수   즉백성   빈
近於師者는 貴賣니 貴賣면 則百姓이 財竭이라.
근어사자   귀매   귀매   즉백성   재갈
財竭則急於丘役하고 力屈財殫으로 中原內虛라.
재갈즉급어구역   역굴재탄   중원내허

주 해

- 貴賣(귀매) : 물가가 오르다.
- 役(역) : 부역(사람 동원)과 물자 동원
- 丘(구) : 토지 구획에 따른 행정 단위
- 中原(중원) : 여기서는 나라 안

2-6

힘 다 빠지고 돈 떨어지면 중원은

집안도 텅 비어 백성 수입도 7할이 뺏긴다.

갑옷 투구 큰창 방패 수레나 소도 열에 여섯은 잃는다.

그래서 슬기있는 장수는 적의 군량으로 아군을 먹인다.

적 군량 1종은 아군 20종 되고

적 말먹이 1석은 아군 20석 된다.

전쟁은 적을 이용하고 물리쳐도

적의 양식으로 아군 먹여 이겨야 한다.

군수품이나 수송비로 아군을 먹이고

전쟁에서는 적의 것을 노력하여

쓸 줄 아는 장수가 반드시 이긴다.

전쟁은 속임수가 승리를 가져온다.

於家에 百姓之費는 十去其七이요 公家之費는 破車罷馬, 甲冑矢弓,
어가 백성지비   십거기칠   공가지비   파거파마 갑주시궁

戟楯矛櫓, 丘牛大車가 十去其六이니라. 故로 智將은 務食於敵이니
극순모로 구우대거   십거기륙   고   지장   무식어적

食敵一鍾은 當吾二十鍾이요 其秆一石은 當吾二十石이다.
식적일종   당오이십종   기간일석   당오이십석

2-7

그러자니 군인은 적개심 있어야 하고
적에게서 뺏으면 상주고, 적 전차 10대 이상
뺏는 자를 먼저 상준다. 그리고 전차 깃발 바꿔 달고
아군에 합류시키고, 포로를 잘 돌봐 아군 만들어 이기게 한다.

전쟁은 적개심 있어야 죽이고
적의 무기 빼앗아 다시 사용하여
아군이 승리하도록 이끌어 준다.
포로는 재교육시켜 일선에 내보낸다.

전쟁은 소모가 심하니 반드시 보충시킨다.
그것은 적의 것으로 하면
아군 승리의 조건이 된다.
적을 포로로 잡아 잘 먹여 교육시켜 아군 만든다.

故殺敵者怒也요 取敵之利者貨也라. 車戰에 得車十乘已上이면
고살적자노야   취적지리자화야   거전   득거십승이상
賞其先得者하고 而更其旌旗하고 車雜而乘之하며 卒善而養之니
상기선득자   이경기정기   거잡이승지   졸선이양지
是謂勝敵而益强이니라.
시위승적이익강

주해

- 旌旗(정기) : 깃발
- 車雜而乘之(거잡이승지) : 뺏은 전차를 아군 대열에 세운다.
- 卒善而養之(졸선이양지) : 포로를 잘 대우하여 아군에 세운다.

2-8

전쟁은 이기는 것만이 중요하지
오래 끌수록 귀하지 않다. 그래서
전쟁을 잘 아는 장수는 백성의 목숨 맡은 별 같고
나라의 안전을 지킬 주인이 될 만하다.

전쟁은 오래 끌수록 아군 적군 모두가
엄청난 손실이요 비극이 된다.
장수는 전쟁을 잘 이끌어 승리하면
나라를 지키는 안보의 책임자가 된다.

한니발(B.C. 247~282)은 10년만에 지고
나폴레옹은 러시아 갔다가 비참하게 철수했다.
장기전의 비극은 역사에 많이 있고
승리가 더 비참한 경우도 있었다.

故로 兵貴勝이요 不貴久니라.
고   병귀승   불귀구
故로 知兵之將은 民之司命이요 國家安危之主也니라.
고   지병지장   민지사명   국가안위지주야

주 해

• 貴久(귀구) : 오래 끄는 것이 결코 귀할 수 없다.
• 司命(사명) : 사람 목숨을 주관한다는 별 이름
• 安危(안위) : 안전과 위기

03

모
공
편 謨攻篇

용병없이 전쟁을 이기는 것이
모공작전이다. 싸움없이 이기는 것
그것보다 더 효과적인 승리는 없다.
이것이 최고의 작전이요 상처없는 영광이다.

무력전은 앞뒤를 잘 돌아보아서
승리를 확신할 때만 용병한다.
그러나 더 큰 승리는 전쟁없이
말로 그냥 승리하는 모공이다.

모사로 공격하여 적을 굴복시키면
국가야전이나 국민의 불안없이
순수한 승리를 거두는 것이다.
싸우지 않고 이기는 전쟁을 해야 한다.

3-1

손자가 말했다. 군사를 써서 나라를 온전히 함이

그 으뜸이다. 나라 깨트림이 그 다음이다.

군을 온전히 함이 으뜸이고,

이 군대를 격파함이 그 다음이다.

졸을 굴복시킴이 으뜸이요

이를 격파함이 그 다음이다.

오(伍)를 굴복시킴이 으뜸이요 이를 격파함이 그 다음이다.

백 번 싸워 백 번 이김이 최상의 방법은 아니다.

정말 최고는 싸우지 않고 적을 굴복시킴이다.

싸우기보다 군대를 설득하여 굴복시킴이

최선의 작전이다. 그런 장수가 최고다.

계략으로 적을 물리치는 작전이 최고다.

孫子曰 凡用兵之法은 全國爲上하고 破國次之라. 全軍爲上하고
손자왈 범용병지법   전국위상   파국차지   전군위상
破軍次之라. 全旅爲上하고 破旅次之라. 全卒爲上하고 破卒次之라.
파군차지   전려위상   파려차지   전졸위상   파졸차지
全伍爲上하고 破伍次之니라. 是故로 百戰百勝이 非善之善者也라.
전오위상   파오차지   시고   백전백승   비선지선자야
不戰而屈人之兵이 善之善者也니라.
부전이굴인지병   선지선자야

주│해

• 軍(군) : 12,500명   • 旅(여) : 500명   • 卒(졸) : 100명
• 伍(오) : 5명의 병사   • 善之善者(선지선자) : 최상의 선이다.

3-2

그래서 가장 좋은 방법은
적의 계략을 깨 버리는 것이다.
그 다음은 적의 동맹을 끊는 것이고
그 다음은 적을 공격하는 일이다.

그런데 가장 후진 방법은
적의 성에 직접 쳐들어가는 일이다.
신라의 김춘추는 외교술로 일본과
당나라의 협조를 얻어 백제와 고구려를 쳤다.

김춘추의 외교는 유창한 언변과
그의 순수한 용모 그리고 용기로
신라를 튼튼하게 이끌었고
끝내는 삼국통일을 성취하고 만다.

故로 上兵은 伐謀요 其次는 伐交요
고   상병   벌모   기차   벌교
其次는 伐兵이요 其下는 攻城이니라.
기차   벌병   기하   공성

주해

• 上兵(상병) : 최고의 탁월한 전술
• 伐謀(벌모) : 적의 계책을 사전에 깨뜨리다.
• 伐交(벌교) : 교묘한 책략으로 적의 동맹을 깨고 고립시킨다.

3-3

성을 공격함은 부득이한 사정이다.

큰 방패, 사다리, 수레를 준비하고

필요한 여러 장비를 갖추는 데도 석 달이 걸린다.

흙무더기 조성에도 다시 석 달이나 된다.

장수가 화난대로 개미떼처럼 성벽을 오르면

병력 3분의 1을 죽게 하고도 함락 못 시킬 때도 있다.

이런 사정은 공격이 가져온 재앙인 것이다.

적이 성을 탄탄히 지킬 때는 공격 말아야 한다.

장수의 감정이 분노가 충천하면

그 전쟁은 실패하고 만다.

깊이 생각하고 냉정하게 싸워야 한다.

정면 공격은 어쩔 수 없는 상황일 때만 해야 한다.

攻城之法은 爲不得已라. 修櫓轒轀하고 具器械가 三月而後成이라.
공성지법   위부득이   수로분온   구기계   삼월이후성

距闉 又三月而後已라. 將不勝其忿 而蟻附之하여
거인 우삼월이후이   장불승기분 이의부지

殺士卒三分之一하고도 而城不拔者면 此攻之災也라.
살사졸삼분지일   이성불발자   차공지재야

주해

- 櫓(노) : 성 위로 쏟아지는 돌과 화살을 막는 큰 방패
- 轒轀(분온) : 사다리 달린 수레   • 距闉(거인) : 성 공격 목적으로 쌓은 흙무더기
- 蟻附(의부) : 개미떼같이 성벽을 오르며 공격한다.

3-4

그래서 용병이 뛰어난 장수는 적을 굴복시키고
맞붙어 싸우지 않는다. 적의 성을 함락시키지만
공격하지는 않는다. 적을 무찌르지만
공격하지는 않는다. 적을 물리치지만 오래 끌지 않는다.

큰 손상을 갖지 않지만 천하를 다툰다.
병사를 죽지 않게 하고도 완벽하게 이긴다.
이것은 온전히 계략으로 공격하여
마지막 승리를 거두는 전쟁을 한다.

명장은 적을 굴복시키고
포위나 공격도 하지 않고 성을 함락시킨다.
이것이 용병의 이상적인 작전이다.
참 승리는 싸우지 않고 이기는 것이다.

故로 善用兵者는 屈人之兵이나 而非戰也라. 拔人之城이나
고   선용병자   굴인지병   이비전야   발인지성
而非攻也요. 毁人之國이나 而非久也라. 必以全爭於天下라.
이비공야   훼인지국   이비구야   필이전쟁어천하
故로 兵不頓而利可全이니 此謀攻之法也니라.
고   병불돈이리가전   차모공지법야

- 毁(훼) : 손상시키다.
- 頓(돈) : 무너지다, 꺾이다.
- 利可全(이가전) : 완벽하게 이겨 이익을 얻는다.

3-5

그러므로 작전 원칙은 아군이 열 배 많으면
적을 포위하고 공격한다. 두 배면 적을
분산시켜서 차례로 공격한다.
병력이 비슷하면 힘껏 공격한다.

그런데 아군이 적으면 그냥 후퇴하고
아주 적을 때는 싸움을 피한다.
그래서 적은 군사로 끝까지 싸우면
결국 강한 적군에게 사로잡히고 만다.

손자는 열 배 병력으로 적군을 포위하고
다섯 배는 정면 공격하고, 두 배 병력이면
적을 분산시켜 각개격파하라 했다.
병력이 적으면 무조건 싸움을 피하라 했다.

故로 用兵之法은 十則圍之요 五則攻之며 倍則分之요
고   용병지법   십즉위지   오즉공지   배즉분지
敵則能戰之며 少則能逃之요 不若則能避之니
적즉능전지   소즉능도지   불야즉능피지
故로 小必敵之堅이면 大敵之擒也니라.
고   소필적지견   대적지금야

• 圍之(위지) : 포위하고
• 擒也(금야) : 사로잡힌다.

3-6

대체로 장수는 나랏님을 보좌한다.
그 보좌에 빈틈이 없이 잘하면
나라가 강해진다. 그러나 빈틈이 생기면
나라는 반드시 약해지고 만다.

유능한 장수가 현명한 임금과
한 마음 한 뜻이 되면
그 능력을 마음껏 발휘하여
나라는 강대해질 수 있다.

그러나 그와 대조적으로
어리석은 임금이 유능한 장수를
의심하고 멀리하면 국가 안보에
빈틈이 생겨 약소국으로 전락하고 만다.

夫將者는 國之輔也라. 輔周則國必强이요 輔隙則國必弱이니라.
부장자   국지보야   보주즉국필강   보극즉국필약

주 해

• 輔也(보야) : 돕는다, 보좌한다.
• 周(주) : 빈틈 없다, 주도면밀하다.
• 隙(극) : 빈틈, 간격

3-7

임금이 군대에 폐 끼치는 세 가지가 있다.
첫째, 진군 못 할 데서 진군을 명하거나
물러나면 안 될 데서 물러나라 명하여
군대를 얽어매는 일이니 폐가 된다.

둘째, 군대일 모르면서 행정 간섭하여
군대가 혼란스럽게 되면 폐가 된다.
셋째, 군대 힘 모르면서 간섭하여
내부에 의혹만 일으키니 폐가 된다.

이 폐로 군대가 혼란과 의혹에 빠지면
곧 제후의 침략을 받고 아군이 어지럽게 된다.
적군에게 승리를 안기는 일이
이 폐로 생기니 정말 삼가야 한다.

故로 君之以患於軍者 三이니 不知軍之不可以進하고 而謂之進하고
고   군지이환어군자 삼   부지군지불가이진   이위지진

不知軍之不可以退하고 而謂之退라. 是爲縻軍이니라.
부지군지불가이퇴   이위지퇴   시위미군

不知三軍之事하고 而同三軍之政者면 則軍士惑矣니라.
부지삼군지사   이동삼군지정자   즉군사혹의

不知三軍之權하고 而同三軍之任이면 則軍士疑矣니라.
부지삼군지권   이동삼군지임   즉군사의의

三軍이 旣惑且疑면 則諸侯之難이 至矣니 是謂亂軍引勝이니라.
삼군   기혹차의   즉제후지난   지의   시위난군인승

- 縻軍(미군) : 군대를 얽어 맨다.
- 三軍(삼군) : 제후의 전군, 중군과 좌군, 우군
- 惑且疑(혹차의) : 어리둥절하여 의심하는 것
- 引勝(인승) : 적군에게 승리를 안겨주다.

3-8

승리를 미리 아는 다섯 가지 방법이 있다.

첫째, 싸울 때와 말아야 할 때를 미리 알 때다.

둘째, 병력이 많든 적든 능숙하게 다룰 때다.

셋째, 임금과 백성이 뜻을 같이 할 때다.

넷째, 준비를 기다릴 줄 알 때다.

다섯째, 장수가 유능하고 임금이 간섭 않을 때다.

이 다섯 가지 방법을 미리 알면

반드시 승리를 미리 알 수 있는 것이다.

이 다섯 가지는 적을 바로 알고

아군을 정확히 알고 있어야 함을

지적하는 실상파악에서

승리를 다짐할 수 있다는 판단이다.

故로 知勝有五하니 知可以與戰하고 不可以與戰者는 勝이요.
고   지승유오   지가이여전   불가이여전자   승

識衆寡之用者는 勝이요. 上下同欲者는 勝이요, 以虞待不虞者는
식중과지용자   승   상하동욕자   승   이우대불우자

勝이요, 將能而君不御者는 勝이니라. 此五者知勝之道也라.
승   장능이군불어자   승   차오자지승지도야

주해

• 衆寡(중과) : 군사의 많고 적음.   • 之用(지용) : 그에 따른 전략과 전술
• 以虞(이우) : 대비 태세를 갖춤으로써, 빈틈없는 경계를 함.
• 不御(불어) : 간섭치 않는다, 견제가 없다.

3-9

그래서 적을 알고 나를 알면
백 번을 싸운다 해도 위태롭지 않다.
적을 모르고 나만 알면
한 번은 이기지만 한 번은 지게 된다.

적을 모르고 나도 모르면
싸울 때마다 반드시 지고 만다.
전쟁은 유동적이고 함부로 예상할 수 없다.
적의 무기나 사기를 모르면 그만둬야 한다.

전쟁은 상대적이다. 장수는
반드시 적의 무장과 아군의 무장을
비교 검토하고 전쟁을 해야 한다.
잘 모르고 시작하면 반드시 지고 만다.

故로 曰 知彼知己면 百戰不殆요, 不知彼而知己면 一勝一負요,
고　왈 지피지기　백전불태　부지피이지기　일승일부
不知彼不知己면 每戰必殆니라.
부지피부지기　매전필태

주해
• 不殆(불태) : 위태롭지 않다. 이길 수 있다.
• 不知彼(부지피) : 상대를 모른다.

04

군형 편 軍形篇

앞의 시계, 작전, 모공은 병법의 총론이다.
여기부터는 전투의 각 분야별로
공격과 수비를 말하는 원리가 된다.
병법은 군사학으로 승리가 목적이다.

불패형과 패형의 차이가 무엇이냐?
통칙과 각 요목이 무엇인가를
각론에서 밝히고 있다.
군사학은 상대를 정확히 알아야 한다.

무형의 형태가 군형이다.
상황에 따라서 재빨리 군형을 정하고
작전을 시행해야 승리할 수 있다.
그것이 군대의 이상적인 군형이다.

4-1

손자가 말했다. 옛날 용병술에 능한 장수는
적이 이길 수 없도록 마련한 뒤에 아군이
이길 수 있는 때를 대비하고 기다렸다.
적군이 이기는 것도 아군 대비 태세에 달려 있다.

그리고 아군이 이기는 것도 적에게 달려 있다.
그래서 용병에 능한 장수는 적이 이길 수 없도록
할 수 있으나, 아군이 반드시 이기게 할 수는 없다.
그러니 이기는 계책을 세우나 반드시 실행할 수는 없다.

전쟁 준비는 무기, 방비, 배치, 식량, 탄약보급 등
반드시 완벽한 준비가 있어야 이길 수 있다.
어느 시대 전쟁이든지 군대의 불균형이나
훈련 등 정신적 무장이 아주 중요한 역할을 한다.

孫子曰 昔之善戰者는 先爲不可勝하고 以待敵之可勝이니라.
손자왈 석지선전자   선위불가승   이대적지가승
不可勝在己요 可勝在敵이라. 故로 善戰者는 能爲不可勝이나
불가승재기   가승재적   고   선전자   능위불가승
不能使敵必可勝이니라. 故로 曰 勝可知나 而不可爲니라.
부능사적필가승   고   왈 승가지   이불가위

• 善戰者(선전자) : 용병술에 뛰어난 이
• 勝可知(승가지) : 이길 계책을 잘 안다.
• 不可爲(불가위) : 그리 하도록 만들 수는 없다.

4-2

적을 이기지 못함은 아군이 잘 지키기 때문이요
아군이 이길 수 있음은 적이 빈틈을 보였기 때문이다.
방어는 병력 부족 때문이고
공격은 병력 여유 덕분이다.

카르타고의 명장 한니발이
막시무스의 로마군에 패배한 것은
정면 충돌을 피해 적을 지치게 했기 때문이었다.
가장 취약한 것을 알고 실천한 것이다.

페르시아 30만 대군이 그리스 7천 병력에게
테르묘필레 해안 절벽에서 패했다.
그러나 페르시아군은 샛길로 침투하여
적을 전멸시키고 끝내는 이겼다.

不可勝者는 守也요 可勝者는 攻也라. 守則不足이요 攻則有餘니라.
불가승자   수야   가승자   공야   수즉부족   공즉유여

주 | 해

• 守也(수야) : 잘 지켜냈다.
• 有餘(유여) : 병력이 많아 여유가 있다.

4-3

방어 잘 하는 장수는 땅속 깊은 곳에 숨은 듯하고
공격 잘 하는 장수는 가장 높은 하늘에 움직이듯 한다.
그래서 능히 스스로를 지키며
완전하게 이길 수 있는 것이다.

공격과 수비, 이 두 가지는 전쟁의 현장이다.
하늘 높이 공격하고 땅속 깊이에서 수비하는
장수의 능력이 잘 나타난다.
이기는 전쟁은 이 두 가지를 잘한다.

삼국지의 위나라 사마의는
공격과 방어를 잘하는 장수였다.
그가 맹달을 칠 때는 여드레만에 했고
요동에서 공손연과 싸울 때는 지연 작전했다.

善守者는 藏於九地之下하고 善攻者는 動於九天之上이니
선수자 장어구지지하   선공자   동어구천지상
故로 能自保而全勝也니라.
고   능자보이전승야

주해
• 善守者(선수자) : 잘 방어하는 장수
• 九地(구지) : 가장 깊은 땅속
• 善攻者(선공자) : 잘 공격하는 장수
• 九天(구천) : 가장 높은 하늘

4-4

여럿이 봐서 쉽게 알 수 있는 그런 승리는
가장 좋은 승리는 아닌 것이다.
이긴 것을 세상 모두가 칭송하면
이것은 최선의 승리는 못되는 것이다.

그러니 가을 털 하나 든다고
힘센 것 아니고, 해와 달을 본다고
눈 밝은 게 아니고, 우레 소리 들었다고
정말 귀 밝은 게 아니잖은가!

용병과 책략에 뛰어난 장수는
세상에 잘 알려지지 않게 이긴다.
적을 설득하여 이기는 것이
정말 싸우지 않고 이기는 최고의 승리다.

見勝에 不過衆人之所知 非善之善者也요, 戰勝에 而天下曰善은
견승　불과중인지소지　비선지선자야　　전승　이천하왈선

非善之善者也라. 故曰 擧秋毫에 不爲多力이요,
비선지선자야　　고왈　거추호　불위다력

見日月에 不爲明目이요, 聞雷霆에 不爲聰耳라.
견일월　불위명목　　문뇌정　불위총이

• 善之善者(선지선자) : 최상의 선이다.
• 秋毫(추호) : 가을에 새로 나는 짐승의 털, 가늘고 가볍다.
• 雷霆(뇌정) : 천둥소리, 우레

4-5

옛날, 이른바 용법에 뛰어난 이는
이길 수밖에 없는 데서 이긴 것이다.
승리자는 지혜와 공훈도 없는 것이다.
그래서 전투에서 승리함이 확실하다.

사실, 싸우기 전에 승리를 마련하여
패하는 적에게 이기는 것이다.
이기는 이는 패배 않는 데서 적의 패배를
잃지 않는다. 그래서 이기는 것이다.

이길 조건을 갖추고 싸우는데
왜 지겠는가? 패하는 군대는
먼저 싸우고 나서 이김을 구한다.
이길 수밖에 없도록 해 놓고 싸우면 반드시 이긴다.

古之所謂善戰者는 勝於易勝者也라.
고지소위선전자   승어이승자야
故로 善戰者之勝也는 無智名이요 無勇功이니라.
고   선전자지승야   무지명   무용공
故로 其戰勝不忒이니 不忒者는 其所措必勝이니 勝已敗者也라.
고   기전승불특   불특자   기소조필승   승이패자야
故로 善戰者는 立於不敗之地하여 而不失敵之敗也니라.
고   선전자   입어불패지지   이불실적지패야

주해

• 忒(특) : 어긋나다.   • 所措(소조) : 조처하는 바로
• 不失(불실) : 적의 패배를 놓치지 않는다.

4-6

작전에 뛰어난 이는
승리의 도를 닦고 법을 잘 지킨다.
적을 이기고 제패하는 것은
다스림을 잘 행하는 것이다.

사마법(司馬法)에는 병사를
사랑으로 재난에서 건지고,
도의로 전쟁에 소집해야 한다고 역설한다.
덕 있는 법제와 군율로 제대로 다스린다.

어질고 의로운 이에게는
모든 사람이 즐겨 복종한다.
무도한 자에게는
민심이 그를 버리고 만다.

是故로 勝兵은 先勝而後求戰이요 敗兵은 先戰而後에 求勝이니라.
시고   승병   선승이후구전   패병   선전이후   구승
善用兵者는 修道而保法이라. 故로 能爲勝敗之政이라.
선용병자   수도이보법   고   능위승패지정

주 해

• 善用兵(선용병) : 작전 잘 하는 사람
• 政(정) : 다스린다.

4-7

병법에는 첫째는 도(度), 둘째는 양(量),

셋째는 수(數), 넷째는 칭(稱),

다섯째는 승(勝)으로 좌우된다 하였다.

지형이 도를 만들고 도는 양을 결정 짓는다.

양은 수를 생기게 하고, 수는 칭을 낳으니

칭은 승의 기반을 만든다. 따라서

이기는 싸움은 일(鎰)로 수(銖)를 견줌과 같다.

지는 전쟁은 수로 일을 견줌과 같다.

전쟁의 다섯 가지 조건을 예상하면

1. 싸움터의 거리와 지형 2. 병력과 보급 물자

3. 인적 자원 4. 전쟁 수행 능력의 비교 분석

5. 총체적 승산의 검토이다.

兵法에 一曰度요, 二曰量이요, 三曰數요, 四曰稱이요, 五曰勝이라.
병법   일왈도   이왈량   삼왈수   사왈칭   오왈승
地生度요, 度生量이요, 量生數요, 數生稱이요, 稱生勝이니라.
지생도   도생량   양생수   수생칭   칭생승
故로 勝兵은 若以鎰稱銖요 敗兵은 若以銖稱鎰이니라.
고   승병   약이일칭수   패병   약이수칭일

72

4-8

이기는 사람의 전쟁은
깊은 산골에 가둔 물을
한꺼번에 터뜨리는
그런 형세와 같다.

승전의 조건을 갖춘 군대는
패할 수밖에 없는 적을
공격하므로 압도적 세력으로
이를 섬멸하자는 것이다.

승자의 전법은 산중 높은 곳의
호수의 물을 터서 천길 아래로
내리 쏟는 것과 같다.
그 맹렬한 힘을 막을 길이 없다.

勝者之戰이　若決積水於千仞之谿者는　形也니라.
승자지전　　　약결적수어천인지계자　　　형야

주 해

• 積水(적수) : 호수의 물
• 千仞(천인) : 1인은 8자. 8천 자. 과장법이다.

05

병세편 兵勢篇

병세는 군대의 힘이 움직이는 것이다.
정지상태는 그 실력이 발휘되지 않는다.
전쟁은 힘의 대결로 최대한 힘을 발휘한다.
손자는 병세 형성과정을 말한다.

손자는 정(正)과 기(奇)를 창안하여
전쟁은 정으로 모으고 기로써 이긴다 했다.
병세편은 이 두 가지의 변화 활용을 논하여
전쟁에서 이기는 법을 말하고 있다.

기정(奇正)을 논하여
병세에서 승리하는 방법을 가르친다.
군의 세력을 구사함이 매우 중요하다.
실력으로 적의 허(虛)를 치고 이길 수 있다.

5-1

손자가 말했다. 무릇 많은 이들
다스림을 적은 이들 다스리듯 함은
이들을 나누어 편성하기 때문이다.
편성을 적게 하여 다스리기 쉽게 한 것이다.

많은 병력이 싸우는 것도
적은 병력이 싸우는 것처럼 하는 것은
깃발이나 소리 등의
신호를 갖추기 때문이다.

군대 조직은 합리적 편성으로
오합지졸을 면할 수 있다.
장수는 수많은 병사들을 마치
소수의 병사들처럼 잘 다루기 때문이다.

孫子曰 凡治衆을 如治寡는 分數 是也라.
손자왈 범치중   여치과   분수 시야
鬪衆을 如鬪寡는 形名이 是也라.
투중   여투과   형명   시야

5-2

삼군으로 적군을 마주치더라도
절대로 패하지 않음은 기(奇)와 정(正)을
적절히 구사하기 때문이다.
기계(奇計)와 정공법을 알맞게 한다.

아군이 적을 공격함은
마치 숫돌을 달걀에 던지듯 함이다.
그렇게 우세한 병력으로
빈틈없이 치기 때문에 이긴다.

전투 상황에 따라서
정(正)이 기(奇)가 될 수도
기(奇)가 정(正)으로 변할 수도 있다.
능력 있는 장수는 적을 궁지에 몰아간다.

三軍之衆으로 可使必受敵而無敗者는 奇正이 是也라.
삼군지중　　　가사필수적이무패자　　기정　　시야
兵之所加에 如以碬投卵者는 虛實이 是也니라.
병지소가　　여이하투난자　　허실　　시야

주해

• 奇(기) : 상황에 따라서 복병이나 기습으로 공격함.
• 正(정) : 정공법
• 碬(하) : 숫돌

5-3

무릇 전쟁이란 정공법으로 시작하여
기공법으로 이기는 것이다.
그래서 기공법에 능한 장수는
무궁하여 천지와 같다.

마르지 않기로는 강물 같고
끝나는가 하면 다시 시작하며
해와 달이 뜨고 지는 듯함과 같고
죽었다 살아나는 네 계절 순환 같다.

작전에 뛰어난 장수는
적의 허실에 따라 대응한다.
정공법은 군의 자기 보호가 먼저고
기공법은 적을 공격함이 먼저다.

凡戰者 以正合이요 以奇勝이니라.
범전자 이정합   이기승
故로 善出奇者는 無窮이 如天地요 不竭이 如江河라.
고   선출기자   무궁   여천지   불갈   여강하
終而復始는 日月이 是也요 死而更生은 四時是也니라.
종이복시   일월   시야   사이갱생   사시시야

• 合(합) : 맞상대로 싸우다.   • 江河(강하) : 양자강과 황하
• 終而復始(종이복시) : 해가 지고 뜨는 것   • 死而更生(사이갱생) : 사계 순환처럼

5-4

음계는 다섯이나 그 변화는 너무 많고
색채도 다섯이나 그 변화는 다 볼 수가 없다.
맛도 다섯 가지나 그 변화는 다 맛볼 수가 없고
그와 같이 전쟁 형세도 기공과 정공뿐인데

그 전술 변화는 셀 수 없이 무궁하다.
기공법과 정공법이 서로 변화함은
순환이 끝이 없는 것과 같으니
누가 이것을 다 할 수 있으리오.

소리의 변화나 색깔의 변화와
맛의 가지 수보다 더 많고 복잡한 것이
작전법으로 그 기본이 정공법과
기공법에 있고 변화하면 수많은 작전이 된다.

聲不過五나 五聲之變은 不可勝聽也요, 色不過五나 五色之變을
성불과오　　오성지변　　불가승청야　　색불과오　　오색지변
不可勝觀也요, 味不過五나 五味之變은 不可勝嘗也요,
불가승관야　　미불과오　　오미지변　　불가승상야
戰勢不過奇正이나 奇正之變은 不可勝窮也라. 奇正相生은
전세불과기정　　기정지변　　불가승궁야　　기정상생
如循環之無端이라. 孰能窮之哉아.
여순환지무단　　숙능궁지재

━━●
주해

• 五聲(오성) : 궁(宮), 상(商), 각(角), 치(徵), 우(羽)
• 五色(오색) : 빨강, 파랑, 노랑, 하양, 검정 • 五味(오미) : 짜고, 시고, 맵고, 쓰고, 단 맛

5-5

세찬 물은 돌도 둥둥 띄우니 그 기세 때문이다.

매나 독수리 습격도 먹이를 부러뜨리는 절도 때문이다.

그와 같이 전쟁에 능한 이는 맹렬한 절도가 짧다.

그 기세는 쇠뇌를 강하게 당기듯 한 것이다.

그 절도는 화살을 쏜 듯 나가고

어지럽게 싸운다 해도 흐트러짐 없다.

혼란스럽게 뒤섞여 둥글게 되어도

결코 패배하지 않는 것이다.

1940년 6월 5일 독일의 롬멜 장군은

불과 3일만에 프랑스를 전격적으로 점령한다.

이 기공법은 롬멜 장군의 작전이

얼마나 재빠르고 정확한 성공인가를 보였다.

激水之疾이 至於漂石者는 勢也라. 鷙鳥之疾이 至於毀折者는 節也라.
격수지질   지어표석자   세야   지조지질   지어훼절자   절야
是故로 善戰者는 其勢險이요 其節短이니라. 勢如彍弩하고
시고   선전자   기세험   기절단   세여확노
節如發機라. 紛紛紜紜하여 鬪亂而不可亂也요 渾渾沌沌하여
절여발기   분분운운   투난이불가난야   혼혼돈돈
形圓而不可敗也니라.
형원이불가패야

주해

• 鷙鳥(지조) : 독수리나 매 등 사나운 새   • 疾(질) : 날쌔고 재빠름.
• 節(절) : 신속한 움직임   • 弩(노) : 고대 중국의 강한 활 쇠뇌

5-6

혼란은 통치에서 나왔고
비겁은 용기에서 나온다.
허약함은 강함에서 생기고
다스림과 혼란은 군대 편성에 걸렸다.

용감함도 비겁함도 군대의
기세에 따라 나오고
강함도 허약함도 군대의
태세와 배치에 따라 결정된다.

군대는 때로는 용사를 겁쟁이로
잘 통치함에도 혼란으로 만든다.
그런 뜻밖의 작전 결과가 생기고
승패가 결정될 때가 있는 것이다.

亂生於治하고 怯生於勇하고 弱生於彊이니라.
난생어치   겁생어용   약생어강
治亂은 數也요 勇怯은 勢也요 强弱은 形也니라.
치란   수야   용겁   세야   강약   형야

• 數(수) : 군의 편성
• 形(형) : 군의 태세와 편성

5-7

적을 움직이게 하려고 어떤 태세를 보여
말려들게 하려고 이로운 조건을 주면
적은 곧 움직여 작전을 전개한다.
이롭게 여기도록 하여 움직이게 한다.

적을 끌어낸 다음 기습 작전을 편다.
그런 순간을 기다려서 유인 작전을 한다.
적이 이롭게 여기도록 속임수를 쓰면
쉽게 말려들어 움직이게 된다.

고구려 2대 유리왕 때 선비족의 약탈이 심했다.
부분노 장군의 지략으로 고구려를 허약한 나라처럼
얕보게 했다. 그런 다음 기습하여 무찔렀다.
적을 방심케 하여 공격한 성공 작전이었다.

故로 善動敵者는 形之면 敵必從之요 予之면 敵必取之요,
고   선동적자   형지   적필종지   여지   적필취지
以利動之하여 以卒待之니라.
이리동지   이졸대지

- 形之(형지) : 아군 형편을 거짓으로 내보이다.
- 予之(여지) : 적에게 거짓으로 이로운 조건을 준다.
- 以卒待之(이졸대지) : 준비한 세(勢)로 적을 공격함.

5-8

그래서 잘 싸우는 이는 이김을 세(勢)에서 찾고
남에게 그 책임을 따지지 않는다.
인재를 잘 뽑아서 맡기면 전투는 이긴다.
세에 맡김은 장병을 잘 싸우게 함이다.

장병을 마치 나무나 돌에 비하여 본다.
나무나 돌은 안정된 곳에는 가만히 있고
위험 지역에서는 굴러간다.
모나면 멈추고 둥글면 구르게 된다.

용병술에 뛰어난 이는 사람을
마치 둥근 돌을 천길 벼랑에 굴리듯
그렇게 세를 만들어 내는 것이다.
제 힘에 스스로 움직이게 하는 것이다.

故로 善戰者는 求之於勢하고 不責於人이라.
고   선전자   구지어세   불책어인

故로 能擇人而任勢니라. 任勢者는 其戰人也에 如轉木石이라.
고   능택인이임세   임세자   기전인야   여전목석

木石之性은 安則靜하고 危則動하고 方則止하고 圓則行이니라.
목석지성   안즉정   위즉동   방즉지   원즉행

故로 善戰人之勢가 如轉圓石於千仞之山者는 勢也니라.
고   선전인지세   여전원석어천인지산자   세야

주 해

• 求之(구지) : 찾는다.　　• 仞(인) : 1인은 8자이다.

06

허
실
편 虛實篇

손자병법에서 병세편과 허실편
이 두 편은 과연 명문장이다.
군 작전도 뛰어나지만 문장으로도
자랑스러운 명문장인 것이다.

허는 공허요 실은 충실이다.
사물과 시간의 틈새가 있다 없다가
허와 실의 실상이다.
군 작전에는 가장 중요한 내용이다.

손자의 전쟁 승리 비결인
병력의 요결(要訣)이 '실을 피해서
허를 치는 데 있다'는 정칙(定則)이
바로 여기서 얻어지는 것이다.

6-1

손자가 말했다. 짐짓 먼저 싸움터 나가서
적을 기다린 군대는 편안하다.
싸움터에 나중 오는 군대는 피곤하다.
급한 마음에 긴장감이 겹치기 때문이다.

그래서 작전에 능한 이는
적을 조종하고 있지만
조종당하지는 않는다.
적을 살피는 여유가 있기 때문이다.

적군의 기습을 늘 경계하고
적의 동태에 늘 초점을 둔다.
군량미와 무기를 늘 준비하고
전쟁 대비를 신중하게 하기 때문이다.

孫子曰 凡先處戰地하여 而待敵者는 佚하고
손자왈 범선처전지   이대적자 일
後處戰地하여 而趨戰者는 勞라.
후처전지   이추전자 노
故로 善戰者는 致人이요 而不致於人이니라.
고 선전자 치인   이불치어인

6-2

적이 나서게 하려면 무언가 이로움이
있다 생각이 들게 해 주어야 한다.
반대로 적이 나오지 못하게 하려면
무언가 해로움이 있을 듯 해야 한다.

적군이 편안하면 수고하도록 괴롭히고
적군이 배부르면 굶주리게 해야 한다.
안정되면 동요시켜 뒤흔들어 놓아야 한다.
적은 늘 괴롭고 피곤하도록 해야 한다.

적을 잠시도 편히 쉬게 말고
공포에 떨게 하며 지쳐서 쓰러지게
못살게 괴롭혀 적을
힘빠지게 해야 한다.

能使敵人自至者는 利之也요 能使敵人不得至者는 害之也니라.
능사적인자지자   이지야   능사적인부득지자   해지야
故로 敵佚能勞之하고 飽能飢之하고 安能動之니라.
고   적일능로지   포능기지   안능동지

주 해

• 自至者(자지자) : 스스로 오게 하는 일
• 飽(포) : 배부르게 먹는다.
• 動之(동지) : 동요하게 만들다.

6-3

적이 못 갈 곳으로 쳐들어가고
적이 생각지 못한 곳으로 진군한다.
천 리 행군도 피곤치 않음은
사람이 없는 곳으로 갔기 때문이다.

공격해도 탈취함은 적이 없는 곳으로
쳐들어갔기 때문이다.
수비가 견고한 것은 적이
공격하지 않는 곳을 지키기 때문이다.

적의 허를 찌르는 제일의 요건은
적을 뜻밖에 치는 것이다.
공격만 했다 하면 차지하고
수비하면 견고한 것은 병법의 요결이다.

出其所不趨요 趨其所不意라, 行千里而不勞者는 行於無人之地也니라.
출기소불추   추기소불의   행천리이불로자   행어무인지지야
攻而必取者는 攻其所不守也라. 守而必固者는 守其所不攻也니라.
공이필취자   공기소불수야   수이필고자   수기소불공야

주 해

• 趨其所不意(추기소불의) : 적의 예상 밖을 공격한다.
• 無人之地(무인지지) : 적의 저항이 약한 곳이다.

6-4

공격 잘하는 이는 적이 지킬 줄 모르는
곳을 찾아가고, 수비 잘하는 이는
적이 공격할 데를 모르게 한다.
적이 무심코 있는 데를 찾아 공격한다.

은밀하여 형태가 없는 경지에 이르고,
신기해서 소리도 없는 경지에 이른다.
능히 적의 목숨을 마음대로
다룰 수 있는 것이 사명(司命)이다.

가장 이상적인 공격법은 상대가
어떻게 지켜야 완벽한가 판단한다.
허실(虛實)에 처하는 길은
현실에 활용할 수 있는 것이라야 한다.

故로 善攻者는 敵不知其이고 所守 善守者는 敵不知其所攻이라.
고   선공자   적부지기   소수 선수자   적부지기소공
微乎微乎하여 至於無形하고 神乎神乎하여 至於無聲이라.
미호미호   지어무형   신호신호   지어무성
故로 能爲敵之司命이니라.
고   능위적지사명

- 微乎(미호) : 사물이 적다, 허실을 제대로 안다.
- 神乎(신호) : 신도 알기 어려운 곳
- 至於無聲(지어무성) : 소리없이 듣는다.   • 司命(사명) : 생명 맡은 신(神)

6-5

쳐들어가도 막지 못함은
빈틈을 찔렀기 때문이다.
후퇴해도 쫓아가지 못함은 행동이 빨라
미치지 못하는 때문이다.

적의 수비가 해자를 파 놓아도
공격해야 함은 그들이 꼭 차지해야
할 데를 공격하기 때문이다.
반드시 구해야 할 데를 알기 때문이다.

이에 반하여 땅에 줄 긋고 지켜도
적이 싸우지 못하는 것은
그들이 꾀하는 바를
어긋나게 하기 때문이다.

進而不可禦者는 衝其虛也요, 退而不可追者는 速而不可及也니라.
진이불가어자   충기허야   퇴이불가추자   속이불가급야
故로 我欲戰이면 敵雖高壘深溝로도 不得不與我戰者는 攻其所必救也요,
고   아욕전   적수고루심구   부득불여아전자   공기소필구야
我不欲戰이면 雖劃地而守之라도 敵不得與我戰者는 乖其所之也니라.
아불욕전   수획지이수지   적부득여아전자   괴기소지야

주해

• 禦(어) : 막아내다.   • 衝(충) : 찌르다.
• 高壘深溝(고루심구) : 보루를 높이 쌓고, 해자를 깊이 파다. • 劃地(획지) : 땅에 금 긋다.
• 乖其所之也(괴기소지야) : 상대가 꾀하는 바를 어긋나게 하다.

6-6

적군 배치는 다 드러나고
아군 배치는 비밀로 하면
아군은 집중할 수가 있지만
적은 분산하게 된다.

아군은 모두 하나가 되지만
적은 흩어져 열로 나뉘게 되면
이것은 열 명이 한 명을 공격함이 된다.
아군은 많고 적은 그 수가 적은 셈이 된다.

이렇게 많은 병력으로
적은 병력을 공격하게 되면
아군은 그만큼 상대하기가
쉬워지니 이길 것이다.

故形人而我無形이면 則我專而敵分이라.
고형인이아무형　　즉아전이적분
我專爲一이요 敵分爲十이니 是以로 十共其一也라.
아전위일　　적분위십　　시이　　십공기일야
則我衆而敵寡라. 能以衆擊寡者면 則吾之所與戰者 約矣니라.
즉아중이적과　　능이중격과자　　즉오지소여전자 약의

- 形(형) : 군대의 형태, 태세와 배치
- 我專爲一(아전위일) : 아군이 집중하여 나간다.
- 約矣(약의) : 간략, 싸우기 쉬운 것

6-7

아군이 싸울 곳을 적이 모르면
적은 수비할 데가 많아진다.
그런 곳이 많아지면 아군과 싸울 사람이 적어진다.
앞을 지키면 뒤를 지킬 병력이 적어진다.

뒤를 지키면 앞 병력이 적어진다.
왼쪽을 지키면 오른쪽 병력이 적어진다.
오른쪽을 지키면 왼쪽 병력이 적어진다.
모든 곳을 지키면 모두 약화된다.

병력이 약화되는 것은 적에 대비하여
이를 분산시키기 때문이다.
병력이 강화되는 것은 적을 흩어지게 하고
자기 방어를 하기 때문이다.

吾所與戰之地는 不可知라. 不可知면 則敵所備者 多요 敵所備者 多면
오소여전지지 불가지   불가지   즉적소비자 다   적소비자 다
則吾之所戰者 寡矣니라. 故로 備前이면 則後寡하고 備後면 則前寡라.
즉오지소전자 과의   고 비전   즉후과   비후 즉전과
備左면 則右寡하고 備右면 則左寡라. 無所不備면 則無所不寡라.
비좌 즉우과   비우 즉좌과   무소불비   즉무소불과
寡者는 備人者也니 衆者는 使人備己者也라.
과자   비인자야 중자   사인비기자야

6-8

전쟁터를 알고 그 일정을 알면
천 리 밖을 나가서도 싸울 수가 있다.
그러나 그 터와 일정을 모르면
왼쪽 군대가 오른쪽 군대를 구원할 수 없다.

또 오른쪽 군대가 왼쪽 군대도 구원할 수 없고
앞 군대가 뒷 군대를 구원할 수 없으며
또 뒤가 앞을 구원할 수도 없다.
권력이 분산되기 때문인 것이다.

더욱이 먼 곳은 수십 리,
가까우면 몇 리 밖에 있는
아군을 구할 수가 없는 것이다.
작전이 어렵기 때문이다.

故로 知戰之地하고 知戰之日이면 則可千里而會戰이라.
고   지전지지   지전지일   즉가천리이회전
不知戰地하고 不知戰日이면 則左不能救右요 右不能救左며
부지전지   부지전일   즉좌불능구우   우불능구좌
前不能救後하고 後不能救前이니, 而况遠者는 數十里요
전불능구후   후불능구전   이황원자   수십리
近者數里乎아.
근자수리호

주│해

• 會戰(회전) : 군대가 전투를 벌이다.
• 况(황) : 하물며

6-9

내가 이것을 검토해 보니
월나라 군대가 많다 해도
어찌 승리할 수 있겠느냐?
그래서 승리는 만들 수가 있다는 것이다.

적군이 아무리 많다 해도
싸울 수 없게 할 수 있다는 말이다.
약화된 적을 상대로
집중 공격한다면 크게 이길 수 있다.

승리는 슬기로운 작전과
장수의 결단으로 이루는 것이다.
전쟁의 주도권을 잡는 쪽이
승리는 이미 따 놓은 것이 된다.

以吾度之건대 越人之兵이 雖多라도 亦奚益於勝敗哉아.
이오도지   월인지병   수다   역해익어승패재
故로 曰 勝可爲也니 敵雖衆이라도 可使無鬪니라.
고   왈 승가위야 적수중   가사무투

• 以吾(이오) : 여기 오(吾)를 오(吳)로 쓴 책도 있다. 춘추시대 오나라는 월나라와 싸워
  패했다.
• 奚(해) : 어찌하여
• 勝可爲(승가위) : 이기도록 만들 수 있다.

6-10

그런고로 적의 사정을 살펴서
작전에 이롭고 불리함을 판단한다.
적을 슬쩍 건드려 그 움직임의 유형을 알고
적의 대비 태세를 드러내게 한다.

적의 진지가 죽을 땅인지
살 땅인지를 확실히 살피고,
적과 잠깐 겨루어 그 부서의
충실한 데와 부실한 곳을 바로 알아야 한다.

손자는 전쟁터에서 싸우기 전에
장수가 파악해야 할 4가지를 말한다.
1 아군의 손해 2 적의 대비 유형
3 지형 검토 4 적의 약점 등이다.

故로 策之而知得失之計하고 作之而知動靜之理하고
고   책지이지득실지계   작지이지동정지리
形之而知死生之地요 角之而知有餘不足之處니라.
형지이지사생지지   각지이지유여부족지처

주 해

• 策(책) : 살펴서 분석한다.
• 得失(득실) : 이롭고 불리한 것
• 角之(각지) : 적과 힘을 겨루다.

6-11

그래서 군대 형편의 극치는
그 형태가 눈에 띄지 않은 데 있다.
잘 보이지 않으면 스며든 간첩도
전혀 엿볼 수가 없다.

슬기로운 적장도 감히 술수를
부릴 수가 없다. 속임수가
작전에는 절대적인
효과를 가져 오는 것이다.

그래서 군의 배치는 비밀이고
간첩 눈에도 가려지도록
은밀하게 진행해야만
승리할 수가 있는 것이다.

故로 形兵之極은 至於無形이라. 無形이면 則深間도 不能窺요
고　　형병지극　　지어무형　　　　무형　　　칙심간　　불능규
智者도 不能謀니라.
지자　　불능모

주｜해

· 形兵之極(형병지극) : 군대 배치의 극치
· 無形(무형) : 그 형태가 눈에 띄지 않는다.
· 深間(심간) : 깊이 침투한 간첩
· 窺(규) : 남몰래 살핀다.

6-12

많은 사람들은 무형 때문에 승리한 것을
보고도 그 실상을 알지 못한다.
아군이 승리할 때 병사들은
전투 태세를 알고는 있었다.

그러나 어떤 계책으로 이겼는지는
잘 알지 못하고 있다. 그래서
한 번 그렇게 이긴 방법은
되풀이해서 써먹을 수는 없다.

상황에 따라서 대응하는
그 계략과 전술은
무궁하여 많고 많다.
그래서 장수의 지혜가 필요한 것이다.

因形而錯勝於衆이면 衆不能知라.
인형이조승어중　　　중불능지
人皆知我所以勝之形이라도 而莫知吾所以制勝之形이니라.
인개지아소이승지형　　　이막지오소이제승지형
故로 其戰勝不復이요 而應形於無窮이니라.
고　 기전승불복　　　이응형어무궁

주해

• 錯勝(조승) : 이기는 조치를 하다.
• 不復(불복) : 다시 되풀이하지 않는다.
• 應形(응형) : 상대의 균형에 대응하는 작전

6-13

군대의 형세는 물과 같아야 한다.
물은 높은 데서 낮은 데로 흐른다.
군대는 충실한 데를 피하고
빈틈을 노리고 치는 것이다.

물은 반드시 지형에 따라서
흐름이 정해지는 것이다.
전쟁은 적에 의해서
승리가 정해지는 것이다.

옛 로마시대 쳐들어온 한니발을 맞아
군정관 막시무스가 주력부대를 산 속에 숨기고
일부 병력으로 출구를 지킨 뒤 경무장 부대로
뒤를 쳐서 수백 명 적군을 도살했다.

夫兵形象水라. 水之形은 避高而趨下요
부병형상수   수지형   피고이추하
兵之形은 避實而擊虛라. 水因地而制流하고 兵因敵而制勝이라.
병지형   피실이격허   수인지이제류   병인적이제승

6-14

그래서 전쟁에는 고정된 군세가 없고
물 또한 일정한 형태가 없다.
적의 태세에 따라서 변화함으로써
승리를 가져오는 것을 용병의 신이라 한다.

오행 또한 늘 이기는 기(氣)가 없고
네 계절 또한 돌고 도는 것이다.
하루해도 길고 짧음이 있고
달에도 보름달과 초승달이 있다.

한니발이 지장(智將)으로 용병술 영웅이다.
그는 늘 적의 태세에 대응하는 작전으로
거의 전승가도를 달려왔다.
그의 전술은 물과 같다고 평한다.

故로 兵無常勢요 水無常形이니 能因敵變化而取勝者는 謂之神이니라.
고　　병무상세　수무상형　　　능인적변화이취승자　위지신
故로 五行은 無常勝하고 四時는 無常位하며 日有短長하고
고　　오행　무상승　　　사시　　무상위　　　일유단장
月有死生이니라.
월유사생

 주해

- 五行(오행) : 金, 木, 水, 火, 土를 원기로 하여, 서로의 관계로 만물이 생성한다고 믿었다.
- 無常位(무상위) : 늘 고정된 위치에 있지 않다.

07

군쟁편 軍爭篇

군대는 승리를 얻는 데 목적이 있다.
승리해야만 국가가 남고 백성이 살고
미래를 바라볼 수가 있는 것이다.
그래서 군대는 승리와 유지를 위해 있는 것이다.

이기기 위해서 신속하기는 번개 같고
작전 속임수는 여우비와 같으며
훈련은 생존 조건이 되는 것이다.
그것이 국가관으로 남는 것이다.

군대는 치중(治衆), 치력(治力), 치심(治心),
치기(治氣), 치변(治變) 등을
적군보다 잘해야 승리 군대가 된다.
그것을 위해서 손자는 이 내용을 가르치고 있다.

7-1

손자가 말했다. 용병술은 장수가
임금의 명령으로 군사를 집합시키고
무리를 모아 서로 대치시키게 한다.
전투는 기선 제압이 제일 어렵다.

전쟁 시작은 장수가 결정되고
각 병과별 편성이 완성되어야 한다.
인원 수용을 위해서 필요하면
징용으로 무리를 채운다.

장수는 임금님 명령으로
전국에서 징집된 군사로
편성을 끝내고 훈련을 시킨다.
용병술은 무리를 먼저 훈련시킴에 있다.

孫子曰 凡用兵之法은 將受命於君하여 合軍聚衆하고 交和而舍니
손자왈 범용병지법   장수명어군   합군취중   교화이사
莫難於軍爭이니라.
막난어군쟁

7-2

군쟁의 기선 제압이 어렵다는 것은
돌아감에 곧고 가까운 길로 가고
불리한 우환으로 오히려 이롭기 때문이다.
그래서 돌아감으로써 이롭게 느끼도록 한다.

그렇게 하여 적을 유인하여 끌어내고
적보다 늦게 떠나 먼저 도착한다는
우직(迂直)방법으로 한 것이다.
그것으로 우회작전을 하는 것이다.

때로는 견제작전을 하고
대로는 우회작전을 해야 한다.
싸움터에서는 언제나 적보다
먼저 현장에 도착해야 하기 때문이다.

軍爭之難者는 以迂爲直하고 以患爲利니라.
군쟁지난자   이우위직   이환위리
故로 迂其途하여 而誘之以利하고 後人發하여 先人至는
고   우기도   이유지이리   후인발   선인지
此知迂直之計者也니라.
차지우직지계자야

 주 해

• 軍爭(군쟁) : 주도권 잡기 위한 싸움
• 迂(우) : 멀리 돌아가는 것   • 直(직) : 똑바로 가는 것
• 患(환) : 환란

7-3

그래서 전쟁은 이로움도 있고
위험도 따르는 것이다. 전군을 이끌어
이익을 다투면 기동력이 없어서
성과를 얻기가 어렵다.

군대에서 이익을 다투게 하면
보급부대는 버려질 것이다.
장병이 군복 벗고 가볍게 입고 밤낮 달려
백 리 밖에서 이익 다투면 3군 장수들이 사로 잡힌다.

억센 병사는 앞서고
피로한 병사는 뒤처지기 때문에
겨우 10분의 1 정도로
목적지에 이르게 된다.

故로 軍爭爲利요 軍爭無危라. 故로 擧軍而爭利면 則不及이요
고 군쟁위리 군쟁무위 고 거군이쟁리 즉불급

委軍而爭이면 則輜重이 捐이니라. 是故로 卷甲而趨하여
위군이쟁 즉치중 손 시고 권갑이추

日夜不處하고 倍道兼行하여 百里而爭利면 則擒三將軍이라.
일야불처 배도겸행 백리이쟁리 즉금삼장군

勁者先하고 罷者後면 其法이 十一而至니라.
경자선 파자후 기법 십일이지

주 해

- 擧軍(거군) : 군대 전부를 전투에 보낸다.
- 委軍(위군) : 경무장 군인만 투입 전진한 것
- 輜重(치중) : 군수 보급품, 군복, 식량, 무기 등을 실어 가는 부대
- 卷甲(권갑) : 갑옷 말아서 지고 가는 것
- 而趨(이추) : 진군, 나아감.
- 不處(불처) : 쉬지 않고
- 兼行(겸행) : 강행군 함.

7-4

오십 리 밖에서 이익을 다툰다면 상장군도 다치고
겨우 절반 정도만 목적지에 가게 된다.
삼십 리 밖에서 이익을 다툰다면 병력 3분의 2 정도가
목적지에 가게 될 것이다.

그래서 군대는 보급부대가 없으면 망하고
식량이 없어도 망한다. 그리고
비축된 물자만 없어도 망한다.
보급부대가 얼마나 중요한지 알아야 한다.

고구려 영양왕 612년에 수양제가
113만 3,800여 병력으로 침입했다.
을지문덕 장군이 살수에서 무찔렀다.
요동으로 돌아간 2,700명만 살아 남았다.

五十里而爭利면 則蹶上將軍이요 其法은 半至니라.
오십리이쟁리   즉궐상장군   기법   반지
三十里而爭利면 則三分之二至니라.
삼십리이쟁리   즉삼분지이지
是故로 軍無輜重이면 則亡하고 無糧食則亡無委積이면 則亡이니라.
시고   군무치중   즉망   무량식즉망무위적   즉망

• 蹶(궐) : 쓰러지다, 다치다.
• 法(법) : 비례
• 委積(위적) : 비축된 물자

7-5

전쟁은 속임수로 시작되고
이로운 방향으로 이어지며
군대를 나누기도 합하기도 하고
변화를 일으키는 것이다.

그 행동의 신속함은 바람 같고
고요할 때는 숲속 같으며
쳐들어갈 때는 불길 같고
가만히 있으면 산과 같다.

그 동정을 알 수 없음은
캄캄한 어두움 같고
움직일 때는 벼락 치는 듯 한다.
적의 허점을 찔러 대승을 거둔다.

故로 不知諸侯之謀者는 不能豫交요, 不知山林險阻와 沮澤之形者
고   부지제후지모자   불능예교   부지산림험조   저택지형자
不能行軍이요 不用鄕導者는 不能得地利니라. 故로 兵은 以詐立하고
불능행군   불용향도자   불능득지리   고 병 이사립
以利動하고 以分合爲變者也니라. 故로 其疾如風하고 其徐如林하고
이리동   이분합위변자야   고 기질여풍   기서여림
侵掠如火하고 不動如山하고 難知如陰動如雷震이요.
침략여화   부동여산   난지여음동여뢰진

주 해

•詐(사) : 속임수   •分合(분합) : 분산과 집중
•疾(질) : 신속함   •雷震(뢰진) : 우레와 번개, 벼락

7-6

적의 고을을 약탈하면
그 소득을 같이 나누고
적의 땅을 점령하면
그 소득도 고루 나눈다.

이익을 계산하여 움직인다.
먼저는 돌아가고 곧장 가는
계략을 아는 사람은
승리하는 것이다.

이것이 전쟁의 원칙이요
전략의 기본이 되는 것이다.
손무의 후손 손빈의 병법에도
우직지계(迂直之計)로 적을 이겨라 한다.

掠鄕分衆하고 廓地分利하고 懸權而動이니라.
약향분중   곽지분리   현권이동
先知迂直之計者는 勝이니 此軍爭之法也니라.
선지우직지계자   승   차군쟁지법야

주해

• 掠鄕(약향) : 적의 고을을 약탈한 것
• 廓地(곽지) : 영토 확장, 땅을 넓히다.
• 懸權(현권) : 저울질하다.

7-7

옛 병서에 이르기를, 말이 안들리니
징과 북을 사용하고, 보려 해도 안보이니
깃발을 쓰는 것이라 했다.
명령 전달을 위해 쓴 것이다.

무릇 징과 북 그리고 깃발은
군대 작전 때 귀와 눈을 하나로
합해서 쓰기 위함이다.
아군 전투를 위해서 꼭 필요한 것이다.

신호를 사용할 때는 놀랍게도
암호를 쓸 수 있어 적을 속이고
장수의 명령 전달에는 반드시
필요한 것이기 때문이다.

軍政日 言不相聞이라. 故로 爲金鼓라. 視不相見이라.
군정왈 언불상문　　　고　　위금고　　　시불상견
故로 爲旌旗라. 夫金鼓旌旗者는 所以一人之耳目也라.
고　　위정기　부금고정기자　　　소이일인지이목야

주해

• 軍政(군정) : 옛날의 병법서적
• 金鼓(금고) : 징과 북
• 旌旗(정기) : 군대에서 신호용으로 쓰는 깃발

7-8

군대 행동이 하나로 이미 합하면
용기 있는 이도 혼자 나가지 못한다.
비겁한 자도 혼자 물러나지 못한다.
전투태세는 혼란한 듯 하나 실제는 아니다.

혼돈 속에서도 절도가 있어
결코 패배시킬 수는 없는 것이다.
전쟁 중에는 군대가 빈틈없이
명령대로 움직일 수 있어야 한다.

군대가 명령 하에 움직일 때면
효과적인 지휘는 군대의 힘이 되어
그 군대는 막강한 것이 된다.
승리는 이런 군대에게 주어진다.

人旣專一이면 則勇者도 不得獨進이요 怯者도 不得獨退니
인기전일   즉용자   부득독진   겁자   부득독퇴
此用衆之法也니라.
차용중지법야

주|해 ────────────────────────────────────●

• 專一(전일) : 하나로 합하다.
• 不得(부득) : ~하지 못한다.

7-9

그러므로 야간 전투에는
횃불과 북을 많이 쓰게 되고
한낮의 전투에는
깃발을 많이 쓰게 된다.

그것은 적의 눈과 귀를 어지럽게 하여
당황하고 갈피 잡지 못하게
진행하려는 작전을 하는 것이다.
전투에는 신호가 그렇게 중요하다.

옛 병서에 있는 신호 사용법은
오늘날의 작전에도 중요하다.
아군을 하나로 움직이게 하고
적을 혼란하게 하려는 작전이다.

故로 夜戰에 多火鼓하고 晝戰에 多旌箕는 所以變人之耳目也니라.
고   야전   다화고   주전   다정기   소이변인지이목야

주해
• 變人之耳目(변인지이목) : 적군의 눈과 귀를 속이고 현혹시키다.

7-10

전체 군대의 사기를 뺏어 버리고
장수의 마음을 어지럽힐 수가 있다.
군대란 아침에는 기세등등하고
낮에는 느긋해지며 저녁에는 기가 사라진다.

그래서 작전의 명수는 적군의
기세가 날카롭고 등등할 때는
피하여 가만히 있고,
때를 기다린다.

기가 사라졌을 때 공격하는
이것이 바로 기세 다스리는
장수의 호령이 된다.
승리는 기회가 있는 것이다.

故로 三軍은 可奪氣요 將軍은 可奪心이라.
고   삼군   가분기   장군   가분심
是故로 朝氣는 銳하고 晝氣는 惰하며 暮氣는 歸니
시고   조기   예   주기   타   모기   귀
故善用兵者는 避其銳氣하여 擊其惰歸니 此治氣者也니라.
고선용병자   피기예기   격기타귀   차치기자야

주해

- 氣(기) : 기세, 사기, 군기
- 銳(예) : 예리함, 날카롭다.
- 惰(타) : 해이해지다, 풀어져 있다.

7-11

아군은 잘 정돈된 태세를 갖추고
적의 혼란만을 기다린다.
아군은 잠잠하고 적은 소란스러울 때를
침착하게 기다리고 있다.

이런 자세는 마음을 다스리는 요령이다.
아군은 가까운 데서 오고
적은 먼 데서 오도록 기다린다.
아군이 편하고 적은 지치기를 기다린다.

아군은 배부르게 하고
적은 굶주릴 때를 기다린다.
이것이 힘을 다스리는
작전상 요령이다.

*以治待亂*하고 *以靜待譁*라. *此治心者*也니라.
이치대란   이정대화   차치심자야
*以近待遠*하고 *以佚待勢*하고 *以飽待飢*라. *此治力者*也라.
이근대원   이일대로   이포대기   차치력자야

주 해

• 譁(화) : 소란해지다.
• 以佚待勢(이일대로) : 아군은 편하고 적군은 지치기를 기다린다.

7-12

질서정연한 군기로
다가오는 적과는
맞서 싸우지 말라!
그 적은 질서 있고 강하기 때문이다.

이것이 곧 정세의 변화를
잘 다스리는 요령이다.
전투는 정신무장의 영향이
절대적이다. 신중해야 한다.

공격 시기는 1 적이 지치고 해이할 때,
2 적이 혼란에 빠져 있을 때,
3 적이 굶주리고 피로할 때,
이 세 가지 상황이 아니면 공격 말라.

無邀正正之旗하며 勿擊堂堂之陣이니 此治變者也니라.
무요정정지기   물격당당지진   차치변자야

주 해

• 邀(요) : 적을 맞아 싸우다.
• 正正(정정) : 질서정연한 모양
• 堂堂之陣(당당지진) : 당당하게 위용을 갖춘 군대의 진영

08

구
변
편 九變篇

전쟁의 아홉 가지 변칙을 말한다.
원칙에서 전쟁을 수행할 때는
상칙(常則)에서 변칙을 해야
승리할 수 있는 것이다.

사활문제가 한 순간에 결정되는
용병의 현실이 바로 아홉 가지 변칙을
상황에 따라서 적용한 작전이다.
승리를 위한 선택이 바로 변칙이다.

고대는 궁시전(弓矢戰)으로
활을 주 무기로 하는 전쟁시대였기에
입체전에는 전혀 맞지 않아
변칙도 바뀌어야 할 것이다.

8-1

손자가 말했다. 용병의 원칙은
고지에 있는 적과 싸우지 말고
언덕을 등지고 있는 적과도
맞대결로 싸우지 말라.

거짓으로 패한 척 달아나는
적을 뒤쫓지도 말라.
적의 정예부대는 공격 말고
미끼로 나선 적군과도 응전 말라.

퇴각하는 적을 막지 말고
포위 작전 때는 달아날 틈을 열어주라.
막다른 적을 핍박 말고
길 끊긴 지형에 머물지 말라! 이게 용병술이다.

孫子曰 凡用兵之法은 高陵勿向이라. 背丘勿逆이라.
손자왈 범용병지법   고릉물향   배구물역
佯北勿從이라. 銳卒勿攻이라. 餌兵勿食이라. 歸師勿遏이라.
양배물종   예졸물공   이병물식   귀사물알
圍師必闕이라. 窮寇勿迫이라. 絕地勿留하라.
위사필궐   궁구물박   절지물류

주해

• 高陵(고릉) : 높은 데 포진한 것   • 背丘(배구) : 구릉을 등진 적군
• 佯北(양배) : 거짓으로 패한 척 도주하다.   • 銳卒(예졸) : 정예부대
• 餌兵(이병) : 유인부대   • 勿遏(물알) : 퇴로 막기

8-2

길에 나서지 말아야 하고
적군이라도 싸워서는 안 될 부대가 있다.
요새도 있고
땅도 다투지 말아야 할 데가 있다.

임금의 명령이라도
받아들일 수 없는 경우도 있다.
전쟁은 적의 실(實)을 피하고
허(虛)를 찔러야 이긴다.

지형을 잘 알고 작전해야 한다.
임금이라도 야전군 사령관의
작전에 대하여 간섭 말아야 한다.
현지 지휘관의 효과적인 작전을 따라야 한다.

塗有所不由하고 軍有所不擊하고 城有所不攻하고
도유소불유   군유소불격   성유소불공
地有所不爭 君命도 有所不受니라.
지유소부쟁 군명   유소불수

주|해

• 塗(도) : 길
• 不受(불수) : 받아들이지 말라.

8-3

장수는 구변(九變)의 이로움에 능하며
용병을 잘 아는 사람이다.
장수가 이런 변화에 능하지 못하면
지형을 알아도 그 이익을 얻을 수 없다.

병사를 다스리면서도
임기응변의 전술을 모르면
비록 5가지 이로움을 안다 해도
그들을 제대로 쓸 줄 모른다.

장수는 때와 장소에 따라
구변의 임기응변 능력이 있어야 한다.
능력 있고 실력 갖추어도 지형을 모르면
작전 성공이 어려운 것이다.

故로 將通於九變之利者는 知用兵矣라. 將不通於九變之利者는
고   장통어구변지리자   지용병의   장불통어구변지리자
雖知地形이라도 不能得地之利矣라. 治兵에 不知九變之術은
수지지형   불능득지지리의   치병   부지구변지술
雖知五利라도 不能得人之用矣니라.
수지오리   불능득인지용의

• 九變(구변) : 여러 임기응변의 작전
• 人之用(인지용) : 군사를 제대로 활용한다.

8-4

생각 깊은 장수는 이로움과 해로움을
잘 판단한다. 이로움 속에 해로움이
섞여 있음을 아는 일에 자신감을 가진다.
해로움 속에도 이로움이 있음도 안다.

이런 판단에서 걱정도 멀리하고
제후를 굴복시킬 때는 해(害)로 하며
제후를 부릴 때는 일거리로 한다.
제후를 더 잘하게 하려면 이득으로써 한다.

전쟁은 늘 유리할 때 불리함이 있고
불리함 속에도 유리함이 스며 있다.
그래서 장수는 최악에도 절망 않고
오히려 승리로 전환시킬 수 있는 사람이다.

是故로 智者之慮는 必雜於利害라. 雜於利면 而務可信也요
시고   지자지려   필잡어리해   잡어리   이무가신야
雜於害면 而患可解也니라. 是故로 屈諸侯者는 以害요
잡어해   이환가해야   시고   굴제후자   이해
役諸侯者는 以業이요 趨諸侯者는 以利니라.
역제후자   이업   추제후자   이리

주해

• 而務可信(이무가신) : 일로써 자신감을 가진다.
• 役(역) : 부리다, 일 시키다.
• 趨(추) : 나아가게 하다, 유도하다.

121

8-5

용병법은 적군이 안 온다고
믿어서는 안 되고, 아군은
늘 대비 태세를 갖추고 있어야 한다.
적의 공격이 없다고 믿어서는 안 된다.

적이 우리를 공격 못하도록
방어하는 능력이 언제나
있다고 믿어야 한다.
장수는 늘 적군을 생각해야 한다.

유성룡의 징비록에는 이순신의
명장다운 점을 기록해 두었다.
견내량에 아군을 두고
달 밝은 밤에 적진 동태를 살피라 했다.

故 用兵之法은 無恃其不來하고 恃吾有以待也라.
고 용병지법   무시기불래   시오유이대야
無恃其不攻하고 恃吾有所不可攻也니라.
무시기불공   시오유소불가공야

8-6

장수에게는 5가지 위험이 있다.
죽음을 무릅쓰고 싸우면 결국 죽는다.
꼭 살아야겠다는 이는 포로가 될 수 있다.
걸핏하면 성내고 성급하면 수모를 당한다.

너무 결백해도 오히려
치욕을 당한다. 지나치게
백성을 아끼는 자는
번거로운 일에 휘말리기도 한다.

장수는 슬기롭고 좋은 인품을
소유한 사람이라야 한다.
치우친 성품은 약점이 된다.
지나친 용기나 비겁함도 바람직하지 않다.

故로 將有五危라. 必死可殺也요 必生可虜也라.
고   장유오위   필사가살야   필생가로야
忿速可侮也요 廉潔可辱也며 愛民可煩也니라.
분속가모야   염결가욕야   애민가번야

주 해

- 可虜(가로) : 포로가 되다.
- 忿速(분속) : 침착지 못하고 성을 잘 낸다.
- 廉潔(염결) : 청렴하고 곧은 성품이다.

8-7

대강 다섯 가지는
장수가 범하기 쉬운 것들이다.
작전상의 재난, 군대가 뒤엎어
장수가 죽는 것이다.

이 다섯 가지 위험 때문에
전술에 차질이 온다.
정말 깊이 생각지 않을 수 없다.
장수의 잘못은 곧 전체의 위기다.

지나치게 지조를 내세우는 자도
백성 사랑으로 융통성 없는 성품도
장수의 성격적 결함으로
군대가 파멸하는 함정이 된다.

凡此五者는 將之過也요 用兵之災也라.
범차오자   장지과야   용병지재야
覆軍殺將은 必以五危니 不可不察也니라.
복군살장   필이오위   불가불찰야

• 將之過也(장지과야) : 장수의 잘못이다.
• 覆軍(복군) : 군대를 망하게 한다.

09

행
군 行軍篇
편

군대는 하루를 진격하지 않으면
패배의 쓴잔을 받는 경우가 많다.
적과 대치하여 늘 긴장하며
작전을 수행해야 한다.

지형을 이용하는 법이나
적의 정세를 살피는 법
그리고 병사 훈련과 통솔법에
장수는 익숙해야 한다.

행군하여 진을 배치하는
가장 기본적인 전술에
장수는 익숙해야 한다.
돕는 참모들의 지혜도 모아야 한다.

9-1

손자가 말했다. 적과 대치 상태에서는
적정을 잘 살펴야 한다.
산을 넘어 차지하고는 골짜기를 의지하고
시야가 생기는 높은 곳을 차지해야 한다.

적이 높은 데를 차지했을 때는
적을 쳐다보며 공격해서는 안 된다.
이것이 산악작전의 원칙으로
공격하는 적을 물리친 역사가 있다.

권율의 행주산성 승리가
그 대표적인 작전이었다.
1593년 2월 12일 2,300명 뿐인
아군으로 3만 대군을 이겼다.

孫子曰 凡處軍相敵이라. 絶山依谷이요,
손자왈 범처군상적   절산의곡
視生處高요 戰隆無登이니 此處山之軍也니라.
시생처고   전륭무등   차처산지군야

주해

• 相敵(상적) : 적정을 살피다.
• 處高(처고) : 높은 곳을 차지하다.

9-2

강물 건너서는 어서 물과 멀리
나가 멀어져야 한다.
적이 강물 건너 올 때는
물 속에서 요격하지 말아야 한다.

강을 반쯤 건너 오면 그때
쳐야 유리하다.
싸우려면 물가에서 적을
맞이해서는 안 된다.

시야가 탁 트인 높은 데 차지하고
상류에서 내려오는 적을 상대 말라.
이렇게 하는 것이 물가에서
군사를 쓰는 원칙이 된다.

絶水必遠水라. 客絶水而來어든 勿迎之於水內라.
절수필원수　　객절수이래　　물영지어수내
令半濟而擊之利라. 欲戰者는 無附於水而迎客이라.
영반제이격지리　　욕전자　　무부어수이영객
視生處高며 無迎水流니 此處水上之軍也라.
시생처고　　무영수류　　차처수상지군야

9-3

늪을 건널 때는 재빨리 가고
머물지 말아야 한다.
만약 늪지대에서 싸울 때에는
반드시 물풀 있는 데서 나무를 등져야 한다.

이런 작전이 늪지대에서의
군사를 쓰는 작전 원칙이다.
바람을 안고 싸운다는 것은
불리하여 어리석은 것이다.

물에서의 전쟁에는
육지와는 다른 전술을 쓴다.
물과 바람을 이용할 줄 아는
장수라야 승리할 수 있다.

絶斥澤엔 惟亟去無留니라.
절 척 택   유 극 거 무 류

若交軍於斥澤之中이면 必依水草요 而背衆樹니 此處斥澤之軍也니라.
약 교 군 어 척 택 지 중   필 의 수 초   이 배 중 수   차 처 척 택 지 군 야

주 해

• 斥澤(척택) : 갯벌과 습지대
• 亟去(극거) : 빨리 건너가고 머물지 말라.

9-4

평지에서는 편한 곳에 진을 친다.
오른쪽에 언덕을 두고
앞이 트인 곳에 자리 잡으며
풀과 나무가 무성한 곳을 뒤로 해야 한다.

이 작전이 평지에서 군사 쓰는 원칙이다.
이상의 네 가지 작전을 활용하면
이로움이 많다. 옛날 황제가
네 임금을 정복한 연유가 된다.

중국 고대의 전설적인 황제는
복희씨 신농씨와 더불어 3황이라 했다.
이 황제에게 정복당한 사제(四帝)는
염제, 치우 등 사린(四隣)의 제왕들이었다.

平陸處易하고 而右背高하여 前死後生이니 此處平陸之軍也니라.
평륙처이　　이우배고　　전사후생　　차처평륙지군야
凡此四軍之利는 黃帝之所以勝四帝也라.
범차사군지리　　황제지소이승사제야

• 前死後生(전사후생) : 초목이 없이 탁 트인 곳을 앞으로 하고 초목 무성한 곳을
  뒤로 하라.

131

9-5

군대는 다 높은 데를 좋아하고
낮은 데를 싫어하며
양지 바른 데를 소중히 여기고
그늘진 데를 천대한다.

위생에 유의하고
생기찬 곳에 처하면
군대는 질병이 없어
이를 필승의 태세라고 말한다.

강물이 불어나면 건너지 말고
안정될 때까지 기다려야 한다.
지형에 따른 작전은
상황 적응작전으로 이길 수 있다.

凡軍은 好高而惡下하고 貴陽而賤陰이라.
범군   호고이오하   귀양이천음
養生而處實하야 軍無百疾이면 是謂必勝이니라.
양생이처실   군무백질   시위필승

- 養生(양생) : 위생에 대한 관심
- 處實(처실) : 생기 있는 곳에 자리 잡다.
- 百疾(백질) : 모든 질병

9-6

구릉과 둑에서 반드시
양지에 자리 잡는다.
거기서 오른쪽에 언덕을 두고
진을 쳐야 한다.

그래야 전투 시에는 이롭고
또 지형의 도움을 받을 수가 있다.
손자는 군대 주둔 지형과
위생문제 등에 대하여 말한다.

군대는 언덕이나 제방을 따라서
행군할 때는 반드시 숙영지를
동남쪽으로 자리 잡고
동시에 오른쪽으로 해서 나가게 된다.

丘陵隄防은 必處其陽而右背之니 此兵之利요 地之助也니라.
구릉제방　　필처기양이우배지　　차병지리　　지지조야

주해

• 丘陵隄防(구릉제방) : 언덕이나 둑에
• 必處其陽(필처기양) : 반드시 양지에 자리 잡다.

9-7

상류지역에서 비가 많이 내려
강물이 불어나면 건너지 말고
물이 줄어들 때까지 기다려야 한다.
이때의 기다림은 작전이다.

손자는 육해지지(六害之地) 중
그 하나를 말하고 있다.
군사작전에서 지형과 기후의
변화에 민감해야 한다.

이런 지역에서 지나가려 할 때는
적군 공격이 생기면
전멸의 위기가 될 수 있다.
장수는 이때 적의 동태에 민감해야 한다.

上雨에 水沫至면 欲涉者는 待其定也니라.
상우   수말지   욕섭자   대기정야

주해

• 水沫(수말) : 물거품
• 欲涉(욕섭) : 건너가려 하지 말고

9-8

깎아지른 듯 높은 벼랑에
둘러싸인 깊은 계곡이다.
밖은 높은 곳이고 가운데는
물이 흘러드는 낮은 곳이다.

산으로 높이 둘러싸여서
빠져 나오기 어려운 곳이다.
나무와 풀, 수풀이 뒤얽혀
군사가 움직일 수 없는 곳이다.

늪지대로 수레와 말이 못 빠져 나오는 곳,
길은 좁고 땅이 고르지 못해
마구 패여 있는 곳이다.
이런 육해(六害)지역은 곧 나오고 가지 말라.

凡地有絕澗 天井 天牢 天羅 天陷 天隙이면
범지유절간 천정 천뢰 천라 천함 천극
必亟去之하고 勿近也니라.
필극거지   물근야

주 해

• 絕澗(절간) : 깊은 계곡   • 天井(천정) : 산 속 오목한 곳
• 天牢(천뢰) : 감옥 같은 곳   • 天羅(천라) : 수풀 속의 땅
• 天陷(천함) : 늪지대   • 天隙(천극) : 푹 패인 곳

9-9

아군은 이런 육해지역은
멀리하고 가까이 가지 말라.
적군이 가까이하도록 유도하고
위장하여 끌어들인다.

아군은 이런 지역을 앞두고
적군이 이를 등지도록 유인한다.
아군이 미끼를 던져
적을 이런 곳으로 끌어들여야 한다.

승리는 그냥 하는 것이 아니라
깊이 생각하고 작전을 세워
적을 속이고 함정에 빠뜨려
승리를 가져와야 한다.

吾遠之나 敵近之하고 吾迎之나 敵背之니라.
오원지　적근지　　오영지　적배지

주해

• 吾遠(오원) : 아군은 멀리
• 敵近(적근) : 적군은 가까이
• 吾迎(오영) : 아군은 앞에
• 敵背(적배) : 적군은 등지고

행군할 때 전방을 보라.
험준한 산 속, 늪이나
갈대가 우거진 곳이거나
초목이 우거진 곳이 있느냐?

이런 지역을 거듭 수색해야 하고
적군이 몰래 숨은 복병이
있을 만한 가장 알맞은
지역이기 때문에 먼저 수색해야 한다.

험한 곳, 웅덩이, 갈대밭,
초목 무성한 곳은 반드시
행군에 경계를 꼭 해야 한다.
전쟁은 이기기 위해 싸우기 때문이다.

軍旁에 有險阻潢井蒹葭林木蘙薈者는 必謹覆索之니
군방　　유험저황정겸가림목예회자　　필근복색지
此는 伏姦之所處也니라.
차　　복간지소처야

주해

• 旁(방) : 곁에, 근처
• 潢井(황정) : 웅덩이
• 蒹葭(겸가) : 갈대
• 蘙薈(예회) : 수풀이 무성한 곳
• 伏姦(복간) : 복병

137

9-11

가까운 적이 조용한 것은
그곳이 험준함을 믿기 때문이다.
먼 데서 달려오는 것은
아군이 나오기를 바라기 때문이다.

편한 곳을 차지한 것은
그곳에 이로움이 있기 때문이다.
이로운 지역을 차지하면
적이 다가오기를 기다린다.

작전상 이로운 지역은
먼저 차지하는 것이
작전 성공의 비결이다.
그 만큼 지역 선정이 중요하다.

敵近而靜者는 恃其險也요 遠而挑戰者는 欲人之進也니
적근이정자   시기험야   원이도전자   욕인지진야
此其所居易者는 利也니라.
차기소거이자   이야

138

9-12

나무들 흔들림은 적이
오고 있다는 것이다.
많은 풀로 가리고 있음은
아군을 의혹케 함이다.

새가 날아 올라감은
적의 복병이 있기 때문이다.
짐승이 놀라 달아남은
적의 기병이 숨어 있음이다.

새가 푸드득거리고
초목이 흔들리는 것은
적정을 살피는 중요한
자료와 증거가 된다.

衆樹動者는 來也라. 衆草多障者는 疑也요,
중수동자   내야   중초다장자   의야
鳥起者는 伏也요 獸駭者는 覆也니라.
조기자   복야   수해자   복야

9-13

먼지가 높이 날고 있음은
적의 병기가 오고 있음이다.
흙먼지가 나직하고 넓게 퍼지면
보병부대가 오는 것이다.

먼지가 여기저기 피어 오름은
적군이 땔감 나무를 하고 있음이다.
먼지가 많지도 않은데 여기저기
피어오름은 적군이 군영을 짓는 것이다.

명장은 치밀한 관찰력으로
불리한 싸움도 맞아
승리로 이끄는 것이다.
전술은 이렇게 변화가 많다.

塵高而銳者는 車來也요 卑而廣者는 徒來也라.
진고이예자   거래야   비이광자   도래야
散而條達者는 樵採也요 少而往來者는 營軍也니라.
산이조달자   초채야   소이왕래자   영군야

주해

- 塵高而銳(진고이예) : 먼지가 높이 치솟는다.
- 徒(도) : 보병
- 條達(조달) : 피어 오름
- 樵採(초채) : 땔감을 채취하다.

9-14

사자(使者)의 말씨가
겸손하면서도
방비를 잘 하고 있음은
진격하겠다는 것이다.

사자의 말씨가
강경하고도
진격 태세를 취함은
사실은 철수하겠다는 것이다.

갑자기 휴전 제안은
딴 속셈이 있음이 분명하다.
적이 분주하게 움직이고
전차를 배치하여 결전을 한다.

辭卑而益備者는 進也요 辭强而進驅者는 退也며
사비이익비자   진야   사강이진구자   퇴야
無約而請和者는 謀也니라.
무약이청화자   모야

9-15

가벼운 전차가
군대 앞의 한녘에
자리 잡고 있음은
진(陣)을 펴겠다는 것이다.

적이 절반 진격했다가
그 절반을 물러남은
이쪽을 유인하려는 목적이다.
작전상의 움직임이다.

전진도 후퇴도 한결같이
작전상의 한 모습이다.
확실히 결전을 시도하려는
움직임으로 하는 것이다.

輕車先出하야 居其側者는 陳也요 奔走而陳兵車者는 期也며
경거선출   거기측자   진야   분주이진병거자   기야
半進半退者는 誘也니라.
반진반퇴자   유야

주 해

• 輕車(경거) : 가벼운 수레, 전차
• 陳(진) : 진(陣)과 같다.
• 期(기) : 결전을 시도하다.

9-16

지팡이 짚고 서 있음은 굶주린 사람이다.
물을 서둘러 마심은 목말랐기 때문이다.
이익 보고도 나가지 않음은 피로하기 때문이다.
새가 날아듦은 군영이 비었기 때문이다.

한밤에 서로 부르는 것은
겁에 질려 있기 때문이다.
군사가 소란 피우는 것은
장수가 위엄이 없기 때문이다.

적이 드러내는 겉모습은
이미 어쩌지 못하는 진실이 있기 때문이다.
그래서 슬기로운 장수는
군사의 행동을 세밀히 살펴야 한다.

倚仗而立者는 飢也요 汲而先飮者는 渴也요
의장이립자　 기야　 급이선음자　 갈야
見利而不進者는 勞也니라.
견리이부진자　 노야
鳥集者는 虛也요 夜呼者는 恐也니라. 軍擾者는 將不重也요.
조집자　 허야　 야호자　 공야　　 군요자　 장부중야

• 擾(요) : 소란스럽다.
• 不重(부중) : 위엄이 없다.

9-17

군기가 흐트러졌음은
대오가 혼란하기 때문이다.
장교들이 쉬이 성내는 것은
다들 지쳐 있다는 증표가 된다.

말을 잡아 먹는 것은
식량이 없기 때문이다.
밥그릇을 버려두고 막사로 안 가는 것은
적이 궁지에 몰려 있기 때문이다.

군대가 주리고 목마르면
군기는 땅에 떨어져 있다.
군대가 겁에 질리고 소란하면
쳐들어가서 반드시 승리할 수 있다.

旌旗動者는 亂也요 吏怒者는 倦也니라. 殺馬肉食은 軍無糧也라.
정기동자　　　난야　이노자　권야　　　살마육식　군무량야
懸瓿不返其舍者는 窮寇也라.
현부불반기사자　궁구야

주|해
• 吏(리) : 장교
• 倦(권) : 지쳐 있다.
• 瓿(부) : 취사도구
• 不返(불반) : 돌아오지 않음.
• 窮寇(궁구) : 곤경에 처한 적군

9-18

장수가 온순하고 조용하게
병사들과 말함은
신망을 잃은 모습이다.
장수의 권위가 사라진 것이다.

자주 상을 주는 것은
사병 통솔이 궁색해졌기 때문이다.
마구 벌을 주는 것은
지휘 감독에 어려움이 많은 것이다.

손자는 이 행군편에서
30여 종의 적진 관찰법을
설명하고 있다.
그만큼 적을 아는 것이 중요하기 때문이다.

諄諄翕翕하여 徐與人言者는 失衆이라.
순순흡흡   서여인언자   실중야
數賞者는 窘也요 數罰者는 困也니라.
수상자   군야   수벌자   곤야

주해

• 諄諄(순순) : 성의 있으면서도 간절한 모양
• 翕翕(흡흡) : 온순하고 은근하게 말하는 모양
• 失衆(실중) : 사졸들의 신망을 잃었다.
• 數(수) : 자주

9-19

병사들을 먼저 난폭하게 다루다가
이윽고 그들의 이탈을 두려워함은
통솔 방법이 졸렬한 때문이다.
평소에 장수가 잘해야 한다.

사자를 보내어 정중하게 사과함은
쉴 틈을 얻으려는 것이다.
적군이 사자를 보내어
예물을 주는 것은 경계해야 할 일이다.

어느 상황에 공격하면
쉽게 무너질지를 파악하고
그런 데를 찾으면서
오래 기다려야 한다.

先暴而後畏其衆者는 不精之至也니라. 來委謝者는 欲休息也라.
선폭이후외기중자   부정지지야   내위사자   욕체식야

주 해

• 先暴(선폭) : 먼저 부하를 난폭하게 다루다.
• 不精之至(부정지지) : 밝지 못함, 졸렬함.
• 來委謝者(내위사자) : 사자를 보내어 사과하며 예물을 바치다.

9-20

적군이 아군과 대치하면서도
화를 내고 있음은
싸우지도 않고 물러나지 않음은
반드시 잘 살펴야 한다.

적군의 동태를 잠시도 소홀히 않고
살피고 근사하다가
작전은 벼락같이 신속하게
처리하면 언제나 이긴다.

장수는 이렇게 적의 동태를 살피고
작전에 민감하게 대처해야
아군이 상처없이 잘 싸워
이길 수 있는 것이다.

兵怒而相迎하여 久而不合하고 又不相去면 必謹察之니라.
병노이상영   구이불합   우불상거   필근찰지

주해

• 久而不合(구이불합) : 오랫동안 싸우지 않음.
• 必謹察(필근찰) : 반드시 잘 살펴야 한다.

9-21

병사가 많다고 반드시
이롭고 좋은 것은 아니다.
용맹을 믿고 함부로 진격하지 않으며
힘을 합하여 적정을 잘 살펴야 한다.

적절한 인재를 뽑아서
쓰는 것이 정말 좋은 것이다.
아무 대책 없이 적을 업신여긴 자는
반드시 사로 잡히게 된다.

장수는 부하를 잘 다스려서
그들 마음을 사로 잡고
절대 순종하도록
인솔해야 한다.

兵非益多也니 惟無武進하여 足以併力料敵取人而已라.
병비익다야　　유무무진　　　족이병력료적취인이기
夫惟無慮而易敵者는 必擒於人이니라.
부유무려이이적자　　필금어인

9-22

사병이 따르기 전에 벌주면
결코 복종치 않을 것이다.
그러면 부리기가 어렵다.
사병이 잘 따르는데 벌주면 못 부린다.

사병을 가르쳐 부림에는
은덕 베풀어 하고
질서 있게 통솔하는 데는
반드시 위엄으로써 해야 한다.

이것이 싸움에는 반드시
이기는 군대가 되는
확실한 조건이 된다.
사병이 손발같이 움직여야 이긴다.

卒未親附에 而罰之면 則不服 不服則難用也라.
졸미친부   이벌지   즉불복 불복즉난용야
卒已親附에 而罰不行이면 則不可用也니
졸기친부   이벌부행   즉불가용야
故로 令之以文이요 齊之以武니 是謂必取니라.
고   영지이문   제지이무   시위필취

주해

• 親附(친부) : 친근감으로 따르다.   • 以文(이문) : 은덕을 베풀어서
• 以武(이무) : 엄하게 다스려서   • 必取(필취) : 반드시 승리하다.

149

9-23

평소에 명령 시행이 잘 되도록
백성을 가르치게 된다면
그들은 다 복종할 것이다.
군대는 평소의 기강이 매우 중요하다.

평소에 명령 시행이 잘 안되게
내버려 두었다면 백성은
명령에 복종치 않을 것이다.
평소에 질서의식이 없기 때문이다.

평소에 명령 시행이 제대로
시행되었다는 것은
윗사람과 아랫사람의 뜻이
서로 화합되었기 때문이다.

令素行하여 以敎其民이면 則民服이라. 令不素行에 以敎其民이면
영소행   이교기민   즉민복   영부소행   이교기민
則民不服이나 令素行者는 與衆相得也니라.
즉민불복   영소행자   여중상득야

주해

• 令素行(영소행) : 평소에 명령 시행이 잘 되다.
• 與衆相得(여중상득) : 윗사람과 아랫사람의 뜻이 서로 잘 맞음.

10

지형편 地形篇

전쟁에서 현장의 지형을
잘 알면 승리하고
잘 모르면 패배한다.
지형이 전투에 매우 중요한 것이다.

원정군은 현지 지형을 모르고
기후의 변화를 모르기 때문에
당연히 패배하고 마는 것이다.
장수는 반드시 공격 전에 살아야 한다.

그래서 임금은 장수에게
전쟁터에서 전권을 주어
슬기롭고 힘껏 싸워서
승리하도록 맡겨야 한다.

10-1

손자가 말했다.
지형에는 통하는 곳이 있는가 하면
걸리고 막히는 곳도 있다.
지형의 보통 구조가 이렇다.

지형에는 서로 엇갈리는 곳도 있고
좁은 골짝도 있다.
험준한 곳이 있는가 하면
멀고 아득한 곳도 있다.

지형은 자연 현상이니
이미 있는 곳은 바뀌지 않는다.
이상의 여섯 가지 지형은
고정된 곳으로 작전에 이용한다.

孫子曰 地形은 有通者요 有挂者요 有支者요 有隘者요
손자왈 지형   유통자   유괘자   유지자   유애자

有險者요 有遠者니라.
유험자   유원자

주 해
- 挂(괘) : 갈고리에 걸리다. 방해되다.
- 支(지) : 서로 맞서 버티다.

154

10-2

아군과 적군이 다 쉽게
나아갈 수 있는 곳을
통형(通形)이라 한다.
통형은 서로 오갈 수 있는 곳이다.

이런 곳은 높아서
햇빛이 잘 드는 곳이다.
진을 치고 군량 보급로를
확보하여 전쟁에 이로운 곳이다.

통형의 땅을 먼저 차지해야
아군에게 유리하므로
지형 관찰을 잘 해서
통형지역을 차지해야 한다.

我可以往이요 彼可以來는 曰通이라.
아 가 이 왕　　　피 가 이 래　　왈 통
通形者는 先居高陽하여 利糧道요 以戰則利니라.
통 형 자　　선 거 고 양　　이 량 도　　이 전 즉 리

주|해
• 高陽(고양) : 높고 양지 바른 곳
• 利糧(이량) : 군량 보급으로 이롭다.

10-3

괘형(挂形)은 나아가기는 쉬워도
물러나기에는 어려운 지형이다.
이런 곳에서 적이 수비를
굳히고 있지 않을 때가 있다.

그럴 때 나아가면
반드시 이길 수 있다.
그러나 적이 이미 수비를
단단히 굳혔으면 어렵다.

그런 데서 전진해 가도
이길 수가 없을 뿐 아니라
물러서고 빠져 나오기도
매우 불리한 곳이다.

可以往이요 難以返은 曰挂라. 挂形者는 敵無備면 出而勝之요
가이왕   난이반   왈괘   괘형자   적무비   출이승지
敵若有備면 出而不勝이고 難以返하야 不利니라.
적야유비   출이불승   난이반   불리

주|해

- 以返(이반) : 물러나기, 후퇴
- 挂形(괘형) : 진군은 쉬워도 후퇴가 어려운 곳이다.

156

10-4

지형(支形)은 아군이
나아가 싸운다 해도 불리하고
적군이 쳐들어 와도 불리하다.
이런 곳은 싸운다는 것이 불리하다.

비록 적이 아군에게
이로움을 준다 해도
공격해서는 안 되는 지형이다.
군사를 이끌고 물러가는 체 한다.

그렇게 하여 적을
나오게 한 뒤에 공격하면
아군에게 유리한 곳이다.
지형을 이용해야 이긴다.

我出而不利하고 彼出而不利를 曰支라. 支形者는 敵雖利我라도
아출이불리   피출이불리   왈지   지형자   적수리아

我無出也라. 引而去之하야 令敵半出而擊之면 利니라.
아무출야   인이거지   영적반출이격지   이

주해

• 支形(지형) : 아군이 나아가도 불리하고 적이 진격해 와도 불리한 곳
• 利我(이아) : 아군에게 이득을 준다.

10-5

애형(隘形)은 먼저 그 지역을
우리가 차지하면
수비를 충실히 하고
적을 기다리고 있어야 한다.

만일 적군이 먼저
그곳을 차지하여 수비가 충실하면
싸우지 말아야 한다.
수비가 허술하면 따라가 싸워도 이긴다.

애형의 땅은 출입구가 좁고
그곳 안쪽이 산과 낭떠러지로
둘러싸인 곳으로
전쟁에는 아군도 적군도 다 불리하다.

隘形者는 我先居之면 必盈之以待敵이요
애형자　　　아선거지　　필영지이대적
若敵先居之면 盈而勿從하고 不盈而從之니라.
약적선거지　　　영이물종　　　불영이종지

주 해

• 隘形(애형) : 입구는 좁고 안쪽은 벼랑이다. 싸움에 불리한 곳이다.
• 盈而(영이) : 충실하다.

10-6

험형(險形)은 아군이 먼저
그곳을 점령하면 반드시
높고 햇빛 잘 드는 곳에 진 치고
적의 공격을 기다려야 한다.

만약에 적이 먼저
그곳을 점령하면
군사를 모두 철수해야 한다.
쫓아가며 싸워서는 안 된다.

험형은 수비는 쉽지만
공격하기에는 불리한 곳이다.
양지 바른 곳을 먼저 차지하고
적의 공격을 기다려야 한다.

險形者는 我先居之면 必居高陽以待敵이요
험형자   아선거지   필거고양이대적
若敵先居之면 引而去之하고 勿從也니라.
약적선거지   인이거지   물종야

주 해

• 險形(험형) : 작전이 어려운 험한 산골
• 引而去之(인이거지) : 군사를 이끌고 철수하다.

10-7

원형(遠形)은 전쟁터가
먼 곳을 말하는데
병력이 서로 비슷하면
싸우지 말아야 한다.

어쩌다 싸움이 붙어도
이롭지 못한 곳이다.
이상의 여섯 가지 지형에 대한
전쟁의 원칙이 중요하다.

장수는 이런 지형문제를
묘하게 작전에 운영할
중대한 책임이 있으니
잘 살펴서 작전 수행을 해야 한다.

遠形者는 勢均難以挑戰이니 戰而不利니라.
원형자　세균난이도전　　전이불리
凡此六者는 地之道也라. 將之至任으로 不可不察이니라.
범차륙자　지지도야　장지지임　　불가불찰야

주해

• 遠形(원형) : 적군과의 거리가 멀다.
• 勢均(세균) : 병력이 서로 비슷하게 많다.
• 地之道(지지도) : 지형을 전쟁에 이용한다.
• 至任(지임) : 최고의 의무

10-8

군대에는 도망치는 자
해이한 자 흐리멍텅한 자
결점이 많은 자 무너져 버리는 자
패배하는 자가 있는 것이다.

이상의 여섯 가지는 자연스런
재앙이 아니고 안타깝게도
장수의 잘못에서
비롯된 것이라 할 것이다.

손자는 서로간의 병력이
같은데도 하나에서 열을
치는 것으로 보는
군대라고 주장한다.

故로 兵은 有走者요, 有弛者요, 有陷者요, 有崩者, 有亂者, 有北者니
고 　병　 유주자　 유이자　 유함자　 유붕자 유난자 유배자
凡此六者는 非天地之災며 將之過也니라.
범차륙자　 비천지지재　 장지과야

• 陷(함) : 잘못, 결함
• 天地之災(천지지재) : 자연의 재해, 재앙

161

10-9

아군과 적의 병력이
서로 같은데도 1로써 10을
공격하는 것을 달아나는 군대라 한다.
전투 현장에서 군사를 조금씩 투입하는 경우다.

사병이 강하고 장교가 약하면
멍청이 군대가 되고
장교가 강하고 사병이 약하면
결함 있는 군대가 된다.

장교가 성내어 장수에게 복종치 않으면
적을 만나 홧김에 제 멋대로 싸운다.
장수는 이런 실정을 모르니
이것을 무너지는 군대라 한다.

夫勢均하야 以一擊十曰走라. 卒强吏弱曰弛라. 吏强卒弱曰陷이니라.
부세균   이일격십왈주   졸강리약왈이   이강졸약왈함
大吏 怒而不服하고 遇敵懟而自戰이라. 將不知其能이니 曰崩이니라.
대리 노이불복   우적대이자전   장부지기능   왈붕

주|해 ──────────────────────────────────────●

• 吏(리) : 장교   • 大吏(대리) : 고급 장교
• 遇敵(우적) : 적을 만나다.   • 懟(대) : 원망하다.

10-10

장수가 약하여 위엄 없고
군령이 확실치 않으며
장교와 사병들이 침착치 못해
진영이 어지러우면 흩어지는 군대라 한다.

장수가 적의 실상을 모르고
소수의 무리가 많은 병력과 싸우고
약한 군대로 강한 군대를 공격한다.
앞장설 부대가 없는 것이다.

이런 상황의 군대를
패배하는 군대라고 한다.
장수가 사람됨이 부족하면
철없는 용기로 부질없이 행하여 패한다.

將弱不嚴하고 敎道不明하며 吏卒無常하고 陳兵縱橫을 日亂이니라.
장약불엄   교도불명   이졸무상   진병종횡   왈난
將不能料敵하야 以少合衆하고 以弱擊强하며 兵無選鋒을 日北니라.
장불능료적   이소합중   이약격강   병무선봉   왈배

주 해

- 敎道(교도) : 병사들을 교련하는 방법
- 縱橫(종횡) : 가로 세로, 거침없이
- 選鋒(선봉) : 따로 뽑은 날쌔고 용감한 군사

10-11

그래서 대체로 이 여섯 가지는
전투에서 패배하는 원인이 된다.
이것은 장수의 지극한 책임이라
잘 살펴서 생각해야 한다.

이상에서 살펴본 내용은
달아나는 것이나 해이한 것이나
잘못된 결함이나
다 무너지는 비극을 살폈다.

이것은 손자가
여섯 가지 패배의 형태를
지적하여 말해 준 것이다.
패배의 원인을 연구할 필요가 있다.

凡此六者는 敗之道也니 將之至任으로 不可不察也니라.
범차륙자   패지도야   장지지임   불가불찰야

10-12

그러고 보면 지형은
싸움을 돕는 수단이 된다.
적의 실상을 알고 이기기 위해
지형의 험준하고 막힌 것을 살펴야 한다.

싸움터가 멀고 가까움을 살피고
적절히 작전에 이용함은
장수의 조치이다.
작전에 지형을 전적으로 이용해야 한다.

이것을 알아서 전쟁에 응용하면
반드시 이긴다. 이것을 몰라서
싸움에 응용하지 못하면
반드시 패배할 수밖에 없다.

夫地形者는 兵之助也라. 料敵制勝하고 計險阨遠近은 上將之道也니
부지형자 병지조야 요적제승 계험액원근 상장지도야
知此而用戰者는 必勝이요 不知此而用戰者는 必敗니라.
지차이용전자 필승 부지차이용전자 필패

주 해

• 兵之助(병지조) : 작전의 보조 수단
• 險阨(험액) : 험준하고 막힌 곳
• 上將(상장) : 총 사령관

10-13

그래서 작전의 원리상
이길 수만 있다면
임금이 싸우지 말라 해도
반드시 싸워야 한다.

작전상 이길 수 없는
상태라고 한다면
임금이 싸우라 해도
싸우지 말아야 한다.

지형이 싸움의 보조 수단이 된다.
평야냐 산악이냐에 따라서
작전이 달라야 한다.
그러나 기본은 군사의 사기에 있다.

故로 戰道必勝이면 主曰無戰이라도 必戰可也요
고   전도필승   주왈무전   필전가야
戰道不勝이면 主曰必戰이라도 無戰이 可也니라.
전도불승   주왈필전   무전   가야

주해

• 戰道(전도) : 전쟁의 원리
• 主(주) : 임금
• 無戰(무전) : 싸우지 말라.

10-14

그런고로 진군함에는
명예를 추구하지 않는다.
물러날 때는 꼭
죄를 피하지 않는다.

오로지 백성을 돌보아 지키고
임금을 이롭게 함이 된다.
이런 장수가 바로
나라의 보배가 되는 것이다.

전진과 후퇴라는
작전에는 반드시 지형을
잘 알고 작전에 임해야
이기고 지는 것이 결정된다.

故로 進不求名이요 退不避罪며
고　진불구명　　퇴불피죄
惟民是保하야 而利於主면 國之寶也니라.
유민시보　　이리어주　국지보야

- 不避罪(불피죄) : 죄를 피하지 않는다. 죄를 묻지 않는다.
- 是保(시보) : 이를 지킨다.

10-15

사병들 보기를 젖먹이
어린이같이 대하라!
그러면 사병과 함께 깊은 골짜기에도
들어갈 수 있는 것이다.

사병들을 대할 때
사랑하는 자식같이 하라!
그러면 그들과는
생사를 같이 할 수가 있다.

부하를 심복으로 삼고
은덕을 베풀면
군령이 아무리 엄격해도
시행치 않을 수 없는 것이다.

視卒如嬰兒니 故로 可與之赴深溪라.
시졸여영아   고   가여지부심계
視卒如愛子니 故로 可與之俱死니라.
시졸여애자   고   가여지구사

주 해

• 嬰兒(영아) : 젖먹이, 어린이
• 赴(부) : 다다르다.

10-16

그렇다고 사병들을 지나치게
후대하면 부릴 수가 없다.
지나치게 사랑하면
명령을 할 수가 없게 된다.

그렇게 되면 혼란해져도
다스릴 수가 없게 된다.
이렇게 되면 버릇없는 자식같이
쓸모없는 사병이 된다.

사병을 사랑하는 것은
자식 사랑처럼 속으로 하고
겉으로 엄격해야
군령이 서는 법이다.

愛而不能令이요 厚而不能使며 亂而不能治면 譬如驕子하야
애이불능령   후이불능사   난이불능치   비여교자
不可用也니라.
불가용야

주 해

• 不能令(불능령) : 능히 명령할 수가 없다.
• 厚而不能使(후이불능사) : 그러나 사병들을 너무 후대하면 부릴 수 없을 것이다.
• 驕子(교자) : 버릇 없는 자식

10-17

아군이 공격 능력이 있다는
사실을 알고, 적군이 이를
막아낼 능력이 있음을 모른다면
승리 확률은 절반이다.

아군의 능력만 알고
적군의 능력을 모르면
전쟁의 승리는 실제로
절반의 조건일 뿐이다.

적을 칠 수 없는 정세를
제대로 모르고는
작전을 제대로 할 수 없고
승리를 할 수 없음을 알아야 한다.

知吾卒之可以擊하고 而不知敵之不可擊하면 勝之半也라.
지오졸지가이격   이부지적지불가격   승지반야

주해

• 不知敵(부지적) : 적을 잘 알지 못한다.
• 勝之半(승지반) : 승률이 절반이다.

10-18

적군에게 공격할 약점이
보인다 해도 우리 군사가
공격할 능력이 없음을
모른다면 이길 승률은 절반이다.

군 지휘관은 아군의 실력을
정확히 파악해야 한다.
그 아는 바탕에서
불리한 지형은 멀리해야 한다.

유리한 곳에서만 승리할 수 있다.
지형이 전투에 불리하면
장수는 작전을 멈추고
다른 방법을 찾아야 한다.

知敵之可擊하고 而不知吾卒之不可以擊하면 勝之半也라.
지적지가격   이부지오졸지불가이격   승지반야

주 해

• 不知吾卒(부지오졸) : 아군의 실력을 모른다면
• 不可以擊(불가이격) : 공격할 능력이 없다.

171

10-19

적군에게 공격할 만한
약점이 있음을 알고
우리 군대가 공격할 능력이
있음을 안다 해도 어쩌랴!

지형상 싸울 수 없는 곳임을
알지 못한다면
이길 확률은 절반이다.
이럴 때는 어쩌랴!

전쟁에 불리한 지형에서는
다른 지형을 찾아가고
작전을 멈추고 다른
지역으로 가서 싸워야 한다.

知敵之可擊하고 知吾卒之可以擊하되
지적지가격　　　지오졸지가이격
而不知地形之不可以戰이면 勝之半也라.
이부지지형지불가이전　　　승지반야

• 而不知地形(이부지지형) : 지형상의 조건을 모른다면

10-20

그런고로 작전을 아는 이는
움직임에 주저함이 없고
병사를 일으켜도
궁지에 몰리지 않게 할 것이다.

온전한 승리는
적을 알고 하늘을 알며
땅을 알아야 하는 것이다.
장수가 이 세 가지를 모르면 패한다.

훌륭한 장수는 처음부터
전승의 법을 알고
활동하는 전술을 펴야 한다.
이 세 가지 중 하나만 몰라도 어렵다.

故知兵者는 動而不迷하고 擧而不窮이라.
고지병자   동이불미   거이불궁

주 해

• 知兵(지병) : 작전을 안다. 용병을 안다.
• 不窮(불궁) : 궁지에 빠지지 않는다.

10-21

그래서 말하자면
적을 알고 아군을 알면
승리는 위태롭지 않고
자신만만해 지는 것이다.

하늘을 알고 땅을 알면
승리는 언제나 온전할 것이다.
혹시 나만 알고 적을 모르면
이길 때도 있고 질 때도 있다.

전승법에서 움직이면
중도에서 미혹되거나
당황하지도 말고 나가면
막히거나 꺾이거나 하지 않는다.

故로 曰 知彼知己면 勝乃不殆요 知天知地면 勝乃可全이니라.
고   왈 지피지기   승내불태   지천지지   승내가전

주해

• 不殆(불태) : 위태롭지 않다.
• 知天知地(지천지지) : 천시(天時)를 알고 지리(地利)를 안다.
• 勝乃可全(승내가전) : 승리가 온전할 것이다. 완전한 승리를 얻는다.

11

구지편 九地篇

전장에 이어 땅에 대한
작전 방법을 제시하고 있다.
땅에 대한 깊은 연구와 작전을
아홉 가지 상황으로 설명한다.

훌륭한 장수는 지형에 따른
작전을 시행하고 있다.
어떤 상황에서 봐도
지형에 따라 최선을 편다.

적군의 부대 간이나
장교와 사병이 적군에서
서로 돕지 못하도록 선수를 쳐서
아군이 승리하도록 이끌어야 한다.

11-1

손자는 말했다. 군사 작전법은
산지(散地)가 있고, 경지(輕地)가 있으며
쟁지(爭地)가 있고, 교지(交地)가 있으며
구지(衢地)가 있고, 중지(重地)가 있다.

또 비지(圮地)가 있고, 위지(圍地)가 있으며
사지(死地)가 있는 것이다.
이 아홉 가지 지형에 따른
구지구변(九地九變)이 있다.

장수는 군사를 이끌고
전쟁에 나갈 때 언제나
그 현장의 지형을 정확히 살피고
작전을 해야 하는 것이다.

孫子曰 用兵之法은 有散地요, 有輕地요, 有爭地요,
손자왈 용병지법　유산지　　유경지　　유쟁지

有交地요, 有衢地요, 有重地요, 有圮地요, 有圍地요, 有死地니라.
유교지　　유구지　　유중지　　유비지　　유위지　　유사지

주 | 해

• 九地(구지) : 본 장의 명칭. 지형편에 이어 지리적 환경을 작전에 이용하는 것이다.
　뒤에 구지에 대해 하나하나 해석이 나온다.

11-2

산지(散地)는 제후가
스스로 그 지역에서 싸우는
전쟁터를 말한다.
제후가 자기 땅에서 스스로 싸운다.

산(散)이란 사기(士氣)가
산란하고 위험한 상태가 되어
승리가 어려운 환경이다.
사병이 고향 가까운 데서 싸우기 때문이다.

자기 나라 안의 전쟁은
집이 가깝고 고향 부근이어서
저절로 전쟁에 전념이 안 되고
산만해지기 쉽기 때문이다.

諸侯 自戰其地者는 爲散地라.
제후 자전기지자   위산지

주 해

• 自戰(자전) : 스스로 자기 땅에서 싸우다.

11-3

경지(輕地)는 남의 땅에
들어가서 싸우는 것이다.
깊지 않은 곳이라 하는 것은
군대가 안으로 들어가지 않는 곳이다.

인심이 동요되기 쉬운 곳이며
다시 생소하여 그 지역에
익숙지 않은 현실을
말하고 있는 환경이다.

뒤에는 자기 나라가 있고
앞에는 생소한 적국의 땅이 있는 곳이다.
절반은 고향 생각이 있고
절반은 위험 속에 빠진 상태다.

入人之地하야 不深者는 爲輕地니라.
입인지지   불심자   위경지

주해

• 不深(불심) : 깊이 들어가지 않은 곳

11-4

쟁지(爭地)는 내가 차지해도
이로운 곳이고, 적이 차지해도
역시 이로운 곳이다.
그래서 서로 차지하려고 다투는 곳이다.

이런 곳은 요지(要地)이다.
그래서 서로 먼저 차지하려 한다.
작전상 이용가치가 높은
지역을 먼저 차지해야 한다.

이런 요지는 먼저 차지한 쪽이
결사적으로 지킨다.
그래서 전쟁이 치열해지고
희생이 많이 생기는 것이다.

我得則利요 彼得亦利者는 爲爭地니라.
아득즉리　　피득역리자　　위쟁지

주해

• 彼得亦利(피득역리) : 적이 차지해도 이로운 곳

11-5

교지(交地)는 나도 갈 수 있고
저쪽도 올 수 있는 곳이다.
통형(通形)의 땅과 같다.
서로가 엇갈리며 통행하는 곳이다.

자유롭게 왕래하는 땅.
중일전쟁 때의
우리나라가 바로 교지였다.
거리낌 없이 마구 왔던 것이다.

이곳을 먼저 차지하고
적이 못 들어오게 하여
당을 보전하며 후방 연락을
취하면서 작전하면 이길 수 있다.

我可以往이요 彼可以來者는 爲交地니라.
아가이왕   피가이래자   위교지

주해

• 彼可以來(피가이래) : 저쪽이 올 수도 있는 곳

11-6

구지(衢地)는 제후의 땅이
세 나라에 속해 있어서
먼저 가서 천하의 무리를 얻는
곳을 말하는 것이다.

한 나라의 국경이 여러 나라에
걸쳐서 한데 붙어 있는 곳이
삼속(三屬)이니 경계지역이라
이런 곳은 주인이 많다.

먼저 차지하면 주인이 된다.
서로 다른 나라들 사이에
끼어 있는 땅이란 뜻이다.
구지는 네거리나 십자로를 말한다.

諸侯之地 三屬하야 先至而得天下之衆者는 爲衢地니라.
제후지지 삼속   선지이득천하지중자   위구지

• 先至而得(선지이득) : 먼저 가서 차지한다.

11-7

중지(重地)는 남의 땅에
들어간 것이 깊고
성읍을 뒤에 진 것이
더 많은 곳을 말한다.

적지에 깊이 쳐들어가서
그 나라의 여러 성곽을
등에 지고 있는 곳이다.
겹겹이 깊숙하게 들어간 곳이다.

이런 곳에서 살아날 길은
오직 적을 격파하고
원정(遠程)의 승리하는
그 길만 있으니 중난(重難)의 땅이다.

入人之地 深하야 背城邑多者는 爲重地니라.
입인지지 심   배성읍다자   위중지

- 深(심) : 적지에 깊이 쳐들어간 것
- 背城邑(배성읍) : 등 뒤에 성읍이 있다.

11-8

비지(坯地)는 산림 속이나
험준한 곳이나 낮은 물 첨벙한 곳이나
들어가기가 어려운 길을
가야 하는 전쟁터다.

이곳은 행군(行軍)편의
천라(天羅), 천험(天險)의 땅과
비슷한 지역을 말한다.
작전하기가 어려운 곳이다.

이런 지역은 길도 험하고
질병의 감염도 쉽다.
행군 때는 지체 말고
속히 지나와야 하는 곳이다.

行山林 險阻 沮澤 凡難行之道者는 爲坯地라.
행산림 험조 저택 범난행지도자   위비지

주 해

- 沮澤(저택) : 낮은 늪지대, 진퇴양난의 장소
- 難行(난행) : 행군하기가 어려운 곳

11-9

위지(圍地)는 들어가는 길이 좁고
돌아오는 길은 아득히 멀어
적은 적군으로도 아군의
더 많은 군사를 칠 수 있는 곳이다.

지형(地形)편에 나오는
애형(隘形)의 땅을 말한다.
숲이 우거져 입구가 좁고 험하여
군대를 매복하면 꼼짝없이 당한다.

행군 중에 이런 곳에 들었으면
재빨리 작전을 바꾸어서
여기를 속히 벗어나야 한다.
이런 데서는 꾀가 없으면 망한다.

所由入者隘하고 所從歸者迂하야 彼寡可以擊吾之衆者는 爲圍地니라.
소유입자애   소종귀자우   피과가이격오지중자   위위지

주해
• 隘(애) : 좁은 곳
• 迂(우) : 멀고 굽은 길

186

11-10

사지(死地)는 급히 치고 들면
살아남지만 재빠르게
치지 않으면 망하는 곳이다.
신속한 작전만이 살아 남는다.

앞에는 강적이 있고
뒤에는 물러설 곳이 없는 곳
좌우도 역시 피하고 벗어날 길이
전혀 없는 곳에 군대가 갔다.

위지보다도 더 위태롭고
신속한 작전으로 빠져 나오지 않으면
살 길이 전혀 없는 곳
죽을 수밖에 없는 땅이다.

疾戰則存하고 不疾戰則亡者는 爲死地니라.
질전즉존   부질전즉망자   위사지

주 해 ────────────────────────────────

• 疾戰(질전) : 화급하게 싸우다.
• 不疾(부질) : 급하게 싸우지 않으면

187

11-11

그런고로 산지(散地)에서는
아예 싸우지 말고
경지(輕地)에서는 오래 머물지 말며
쟁지(爭地)에서는 공격하지 말라.

교지(交地)에서는 단절하지 말라.
이 구지(九地)에서는 반드시
작전을 수시로 바꾸면서
민첩하게 전쟁해야 한다.

산지는 군대 사기가 흩어지니
장수는 사병 관리를 잘 해야 한다.
경지는 인심이 둥둥 뜨기 쉬우니
침착하게 사병을 다스려야 한다.

是故로 散地則無戰하고 輕地則無止하며
시고   산지즉무전   경지즉무지
爭地則無攻하고 交地則無絕하다.
쟁지즉무공   교지즉무절

주해

• 無戰(무전) : 싸우지 말라.
• 無止(무지) : 멈추지 말라.

11-12

구지(衢地)에서는 서로 사귀게 하고
중지(重地)에서는 노략질로 뺏으며
비지(圮地)에서는 그냥 지나가고
위지(圍地)에서는 모사꾼이 되어라.

사지(死地)에서는 목숨이 달렸으니
결사적으로 싸워라.
구지는 당사국들 간의 요충지니
외교가 필요한 곳이다.

중지는 군량미 확보가 문제다.
그래서 노략질을 할 수밖에 없다.
산지는 살고 싶어 하면 죽고
죽기로 싸우면 살아 남는다.

衢地則合交하고 重地則掠하며 圮地則行하고
구지즉합교   중지즉략   비지즉행
圍地則謀하며 死地則戰이니라.
위지즉모   사지즉전

주|해

• 合交(합교) : 사귀어 하나가 되다.
• 則謀(즉모) : 꾀를 부리다.

189

11-13

이른바 옛날부터 전술에
뛰어난 장수는 적에게
앞뒤의 군대가 서로 연락이
안되도록 하였다.

그래서 대부대와
산하의 소부대가 서로
협력이 안 되도록 하여
귀하고 천한 것이 서로 구원 못하게 한다.

작전을 잘하는 장수는
앞부대와 뒷부대가
연락이 안 되도록 하여
적군을 헷갈리게 하는 것이다.

所謂古之善用兵者는 能使敵人으로 前後不相及하고
소위고지선용병자   능사적인   전후불상급
衆寡不相恃하며 貴賤不相救하다.
중과불상시   귀천불상구

주 해

• 前後不相及(전후불상급) : 앞뒤가 서로 미치지 못한다.
• 衆寡不相恃(중과불상시) : 대부대와 소부대 간의 연락이 불가능하다.

11-14

위 아래가 서로 돌보지 못하게 하고
군사가 흩어져 모이지 못하게 하며
군사가 가지런히 합치지 못하게 하고
이익이 되면 합하게 한다.

이익에 합당치 않으면
거기서 그치게 된다.
군사가 전쟁 중에 서로간에
불리하다 여기면 움직이지 않는다.

상하가 불일치하고 불통하여
작전 수행에 차질이 생기게 한다.
이런 작전은 뛰어난 장수의
수단에서 좌우된다.

上下不相收하며 卒離而不集하고 兵合而不齊라.
상하불상수   졸리이부집   병합이부제
合於利而動이요 不合於利而止니라.
합어리이동   부합어리이지

주 해

• 上下不相收(상하불상수) : 사령부와 각 부대가 서로 연락이 안 되게 하다.
• 卒離而不集(졸리이부집) : 격파된 적병이 다시 집합할 여지를 주지 않는다.

11-15

감히 여쭙겠습니다. 적군이
대열을 정돈하여 쳐들어온다면
어찌해야 하겠습니까?
작전이 궁금합니다.

대답하시기를 그들이 사랑하고
아끼는 것을 빼앗으면
곧 아군이 원하는 대로
되고 말 것이다.

적군이 대열을 갖추어
쳐들어오려는 낌새를
눈치채면 먼저 가장 소중한
적의 요지를 뺏으면 된다 하셨다.

敢問 敵衆整而將來면 待之若何요 曰 先奪其所愛면 則聽矣니라.
감문 적중정이장래   대지약하   왈 선탈기소애   즉청의

주해 ─────────────────────────●

• 所愛(소애) : 아끼는 것, 소중한 것
• 則聽(즉청) : 곧 들어주다.

11-16

군사의 실정은 신속한
처리가 으뜸이다.
그래서 적이 미치지 못함을
틈타서 생각 못하는 길로 가야 한다.

경계하지 않고 느긋한 곳으로
쳐들어가는 것이다.
전쟁에서는 눈치 빠르게
판단하고 속히 행동해야 한다.

적군이 전혀 예상 못하는 곳으로
공격하여 뜻밖에 쳐들어가면
승리는 따 놓은 일이다.
목숨 다해 최선을 다해야 한다.

兵之情은 主速이라. 乘人之不及하고 由不虞之道하야
병지정　　주속　　　승인지불급　　　유불우지도
攻其所不戒也니라.
공기소불계야

주 해

• 乘人之不及(승인지불급) : 적의 힘이 미치지 못하는 곳을 파고 든다.
• 由不虞之道(유불우지도) : 적이 미처 생각지 못한 곳으로 나가다.

11-17

적의 영토에 들어갔을 경우
거기서 전쟁을 한다면
깊이 쳐들어갔으니
싸움에 전념할 수밖에 없다.

그래서 결사적으로
싸우니 적의 군대가
결코 이기지 못하게 된다.
적의 땅에서는 조금도 방심 못한다.

산지(散地)의 경우처럼
진실성이 없기 때문에
아군과 비교하여 보면
사기가 떨어진 상태다.

凡爲客之道는 深入則專이니 主人不克이라.
범위객지도   심입즉전   주인불극

주 해

• 爲客之道(위객지도) : 객군(客軍)으로서 적지에 깊이 들어가서 싸우는 것
• 深入則專(심입즉전) : 깊이 들어가면 전군(全軍)이 긴장하여 사기가 전일(專一)해진다.

11-18

풍요로운 들녘을 약탈하면
삼군의 식량이 넉넉해진다.
철저히 군대를 잘 보양해 주면서
피로해지지 않도록 관리한다.

사기가 떨치게 되면
그 힘을 축적하게 된다.
중지(重地)에서의 전투이니
될 수 있는 대로 식량을 적지에서 조달한다.

병력이 제대로 힘을 쓰게 함은
첫째 군량이 넉넉하여
잘 먹이고 사기가 높아지면
승리는 당연히 아군의 것이 된다.

掠於饒野하야 三軍足食이면 謹養而勿勞하고 幷氣積力하다.
약어요야   삼군족식   근양이물로   병기적력

주해

• 掠於饒野(약어요야) : 적군에서 양식이 넉넉한 곳을 골라서 양식을 빼앗는다.
• 謹養而勿勞(근양이물로) : 삼가 기르고 수고 말라, 병력을 무익하게 소비 말고 효과 있
  는 전쟁을 하라.
• 幷氣(병기) : 기운을 합쳐라.

11-19

병사를 움직이고
계략을 실행함에 있어서
남들이 헤어지지 못하게 하고,
중지(重地)의 상황을 참작한다.

군대가 전혀 벗어날 수 없는
그런 곳으로 몰아가면
싸우다 죽을 지경이라 해도
절대 달아나지 않는다.

이런 상황에서 달아나도 죽고
싸워도 죽는 상황에 드니
죽기로 싸우게 된다.
평소보다 배나 강해지고 이긴다.

運兵計謀하고 爲不可測하며 投之無所往이면
운병계모   위불가측   투지무소왕
死且不北하고 死焉不得士人盡力이리오.
사차불패   사언부득사인진력

주해

• 投之無所往(투지무소왕) : 병사를 사지(死地)에 몰아 넣어 싸우게 한다.
  달아날 길이 없는 곳에서의 싸움
• 死且不北(사차불패) : 죽어도 패배하지 않는다.
• 焉不得(언부득) : 어찌 ~하지 않으랴!

11-20

사병들은 위험한 사경에
깊이 빠지면 오히려
두려움이 없어지고
목숨 다해 싸우게 된다.

달아날 곳이 없으면
사병들은 서로 격려하여
단결하게 된다.
적지 같은 데서는 그럴 수밖에 없다.

그래서 싸움은 치열해지고
사기가 크게 올라
승리를 믿고 싸운다.
전쟁 막판에는 없는 힘도 내게 된다.

兵士 甚陷則不懼하고 無所往則固하며 入深則拘하고 不得已則鬪라.
병사 심함즉불구　　무소왕즉고　　　입심즉구　　　부득이즉두

주 해

• 甚陷(심함) : 위험한 땅에 깊이 들어간다.
• 不懼(불구) : 두려워하지 않는다.
• 無所往(무소왕) : 달아날 곳 없는 땅에 가다.

11-21

그러니까 사병들은 이런 때
훈련 없이도 자신이 알아서 경계하고
따로 청하지 않아도
작전대로 잘 움직인다.

따로 일러주지 않아도
서로 친밀해지고
명령을 내리지 않아도
규율을 잘 지킨다.

길흉에 관한 예언을 금하고
의심과 두려움을 없애 주면
죽는 경지가 되어도
싸움터를 벗어나지 않는다.

是故로 其兵이 不修而戒며 不求而得이며 不約而親이며
시고   기병 불수이계 불구이득   불약이친
不令而信이라. 禁祥去疑면 至死無所之니라.
불령이신   금상거의   지사무소지

주해 ─────────────────────────────────────●

• 而得(이득) : 뜻대로 움직인다.
• 不約而親(불약이친) : 다른 약속 없어도 서로 친해진다.
• 不令而信(불령이신) : 명령 없이도 군무에 열중한다.
• 禁祥(금상) : 헛소문을 단속하다.

11-22

아군에는 재물의 여유가 없음이
재물을 싫어해서가 아니다.
삶에 집착하지 않음은
오래 살기 싫어서가 아니다.

군대가 전쟁의 막바지에
깊이 들어가게 되면
물질에 대한 집착이나
돈 모을 생각이 사라진다.

오로지 오늘만의 생존
살아남기 위해서
혼신을 다하는 군대의
기본 정신이 그렇게 만든다.

吾士無餘財는 非惡貨也라. 無餘命은 非惡壽也라.
오사무여재   비오화야   무여명   비오수야

주해

• 無餘財(무여재) : 적지의 노획물을 내던지는 마음
• 無餘命(무여명) : 목숨도 아깝지 않게 여긴다.

11-23

출동 명령 날에는
사병들이 앉은 자리에서
눈물 흘리고
누운 자는 눈물이 턱 밑을 흐른다.

그들은 벗어날 수 없는 곳으로
몰아넣으면 전제(專諸)와
조귀(曹劌)와 같이
용감무쌍해진다.

사병들을 달아날 곳 없는 곳에
몰아넣고 전쟁하면
생명 다해 싸우는 심리를
장수는 잘 알고 있다.

令發之日에 士卒이 坐者는 涕霑襟이요 偃臥者는 涕交頤라.
영발지일   사졸   좌자   체점금   언와자   체교이
投之無所往者면 諸劌之勇也니라.
투지무소왕자   제귀지용야

주해

• 涕(체) : 눈물　　　　　　　　• 襟(금) : 옷깃
• 偃臥者(언와자) : 누운 사람
• 諸劌(제귀) : 전제(專諸)와 조귀(曹劌), 전제는 B.C. 515년 오나라 왕 요(僚)를 죽였다.
　조귀는 제나라 환공을 위협하여 노나라의 땅을 다시 찾았다. 이 둘의 용기를 칭송한
　것이다.

11-24

그런고로 작전에 뛰어난 이는

비유로 말하면 솔연(率然)과도 같다.

솔연은 상산(常山)의 뱀이다.

놀라운 공격을 할 줄 안다.

그 뱀의 머리를 치면

꼬리가 달려들어 덤빈다.

또 꼬리를 치면

다시 머리로 달려든다.

그 뱀의 허리를 치면

머리와 꼬리가 한꺼번에

덤벼드는 공격을 한다.

꺾일 줄 모르는 공격력을 가졌다.

故로 善用兵者는 譬如率然이니 率然者는 常山之蛇也라.
고   선용병자   비여솔연   솔연자   상산지사야
擊其首則尾至요 擊其尾則首至요 擊其中則首尾俱至니라.
격기수즉미지   격기미즉수지   격기중즉수미구지

주해

• 率然(솔연) : 뜻은 재빨리, 갑자기인데, 맹사(猛蛇)의 이름이다.
• 常山(상산) : 하북성 곡양현 서북쪽 산 이름, 항산(恒山) 또는 절강성 상산현 동쪽 산
이름

11-25

감히 여쭙니다. 병사들이
솔연과 같이 할 수 있겠습니까?
그래, 할 수 있다.
아군이 솔연같이 되도록 해야 한다.

군사는 필사의 땅에서
전쟁을 하면 전군이
사력(死力)을 다하여
싸우게 되는 것이다.

솔연과 같이 악바리가
되지 않고서는 도저히
전쟁에서 살아남지 못하고
또한 이길 수도 없는 것이다.

敢問 兵可使如率然乎아. 曰可하다.
감문 병가사여률연호   왈가

• 可使(가사) : 가히 부릴 수 있나?

11-26

오나라와 월나라 사람들은
예부터 서로 미워하던 사이였다.
그러나 그들이 한 배를 타고
강을 건너가고 있었다.

강한 가운데서 폭풍우를
만나서 배가 흔들리고
위기를 만나면 어찌하랴!
서로 돕고 좌우의 손발처럼 한다.

저 유명한 오월동주(吳越同舟)란
말이 그래서 생긴 것이다.
생사의 위기에서는
원수도 하나가 되는 것이다.

夫吳人이 與越人이 相惡也나 當其同舟濟하야
부오인   여월인   상오야   당기동주제
而遇風이면 其相救也가 如左右手니라.
이우풍   기상구야   여좌우수

주해
• 相惡(상오) : 서로 미워하다, 싫어하다.
• 遇風(우풍) : 폭풍우를 만나다.

11-27

이 때문에 말을 나란히
매어 놓거나 수레의 바퀴를
묻어 놓는다 해도
믿을 수가 없는 것이다.

모든 사병들이 용사가
되는 것은 장수의
통솔하는 방법의 여하에
달려 있다 할 것이다.

전투력의 증강은
군대의 일치 여하에 달렸다.
억지로는 안 되는 것이니
장수의 기량에 달려 있는 것이다.

是故로 方馬埋輪이라도 未足恃也라. 齊勇若一은 政之道也요.
시고   방마매륜   미족시야   제용약일   정지도야

주 해

• 方馬(방마) : 말을 나란히 매어 놓는다.
• 埋輪(매륜) : 수레바퀴를 땅 속에 묻는다.
• 恃(시) : 믿는다.
• 齊勇若一(제용약일) : 용맹이나 겁을 합해서 함께 잘 싸우게 한다.

11-28

강한 자와 약한 자를
한결같이 다스릴 수 있는 것은
그곳 지형의 상황을
잘 활용하기 때문이다.

용맹한 사병이나
비리비리한 자나
다같이 목숨 걸고 싸우게 하는
놀라운 작전이 필요한 것이다.

사지(死地)를 만들어
이래 죽거나 저래 죽거나
마찬가지라 할 때는
사병들이 죽기로 싸우게 된다.

剛柔皆得은 地之理也니라.
강유개득   지지리야

주 해

- 剛柔皆得(강유개득) : 강한 자나 유약한 자나 다 함께 전투에 쓰이게 한다.
- 地之理(지지리) : 땅의 이치. 지형 이용을 말한다.

11-29

그러니까 작전에 능한
장수가 한 사람 손잡고 이끌듯
군대를 통솔하는 것은
당연히 그럴 수밖에 없는 조치이다.

용병술에 뛰어난 장수는
병사들의 심리 파악을 잘해서
진퇴 작전을 적절하게
수행하여 이기는 것이다.

장수는 사병의 심정을 읽고
안 전장(戰場)의 지리를
정확하게 파악하여
승리로 이끌어 가는 것이다.

故로 善用兵者는 携手若使一人이니 不得已也니라.
고   선용병자   휴수약사일인   부득이야

주해

• 携手若使(휴수약사) : 손을 잡고 이끌어 가다.
• 不得已(부득이) : 억지로, 마지 못해서

11-30

장수는 조용하고 그윽하여
늘 올바르게 다스려야 한다.
언제나 사병들에게는
눈과 귀를 어리석게 해야 한다.

그래서 사병은 아는 게
없도록 해야 한다.
오직 장수의 명령만을 듣고
절대 복종하게 한다.

전쟁 중에 사병들이
서로 아는 게 많으면
명령 복종이 잘 안 되고
작전 수행에 지장을 가져온다.

將軍之事는 靜以幽하고 正以治니라.
장군지사 정이유   정이치
能愚士卒之耳目하야 使之無知하다.
능우사졸지이목   사지무지

주 해 ────────────────────────────────

• 靜以幽(정이유) : 정은 고요하고 침착한 것. 유는 깊고 과묵한 것
• 正以治(정이치) : 정은 군무에 엄정한 것, 치는 조심성 있고 용의주도한 것

11-31

그 일을 바꾸어 놓고
계략을 고쳐 놓는다.
그리하여 남들은
전혀 모르게 한다.

군대 주둔지를 옮기는 것이나
길을 일부러 멀리 돌아가게 하되
남들이 전혀 알지 못하게
작전하는 것이다.

제 아무리 완벽한 작전이라도
사전에 누설되면
뜻밖의 일이 생길 수 있다.
그래서 장수는 보안을 철저히 한다.

易其事하고 革其謀하야 使人無識하고 易其居하고
역기사   혁기모   사인무식   역기거
迁其途하야 使人不得慮니라.
우기도   사인부득려

주│해

• 易其事, 革其謀(역기사, 혁기모) : 군기와 전략 일체를 수시로 바꾸어 아군도 모르게
  진행한다.
• 易其居, 迁其途(역기거, 우기도) : 장수의 행위를 비밀로 하며 이동 장소를 수시로
  바꾸어 모르게 하는 것
• 不得慮(부득려) : 헤아리지 못하게 한다.

11-32

장수는 병사를 데리고
작전을 수행할 때는
사병들을 높은 곳에 올려놓고는
사다리를 치워 버리듯이 해야 한다.

또 장수는 병사들과 함께
제후의 땅에 깊숙이
쳐들어갔을 때는
쇠뇌 쏘듯 재빠르게 움직인다.

마치 양떼를 몰고 가듯 하면서
사병들은 그 가는 곳을
전혀 모르게 해야 한다.
미리 알면 말이 많기 때문이다.

帥與之期를 如登高而去其梯라. 帥與之深入諸侯之地하야 而發其機를
수여지기   여등고이거기제   수여지심입제후지지   이발기기
焚舟破釜를 若驅群羊하야 驅而往하고 驅而來로대 莫知所지니라.
분주파부   약구군양   구이왕   구이래   막지소지

 주 해

• 去其梯(거기제) : 사다리를 치워버리다.
• 發其機(발기기) : 쇠뇌 발사, 장수의 기봉(機鋒)을 낸다는 비유
• 驅群羊(구군양) : 양떼를 몰다.

11-33

삼군을 다 모으고
험한 곳으로 몰아 넣는 것이
바로 장수가 할 일이다.
장수는 아홉 가지 지형 변화를 안다.

그 변화에 따라서 물러나거나
나아가거나 하는 데의 득실과
그 상황에 따르는
인간 심리 변화를 잘 살펴야 한다.

그것을 제대로 살피지 않으면
작전에 성공할 수가 없는 것이다.
장수는 지형의 변화와
사람 심리의 변화까지 알아야 한다.

聚三軍之衆하야 投之於險이니 此將軍之事也라.
취삼군지중　　투지어험　　차장군지사야
九地之變과 屈伸之利와 人情之理를 不可不察이니라.
구지지변　굴신지리　인정지리　불가불찰야

주해

• 聚(취) : 모으다.
• 屈伸(굴신) : 물러감과 나아감
• 人情之理(인정지리) : 사람의 심리

11-34

남의 나라에 쳐들어 갈 경우
깊숙이 들어가면 병사들이 단결하고
얕게 들어가면 병사들 마음이
흩어지게 된다.

자기 나라를 떠나서 국경 넘어
원정하면 절지(絕地)에
놓여지는 것이 된다.
사방이 다 막힌 상황이다.

사방으로 통하는 곳은
구지(衢地)가 되고 만다.
적지 깊이 들어가면
바로 중지(重地)가 된다.

凡爲客之道는 深則專이요 淺則散이라. 去國越境而師者는 絕地也요
범위객지도   심즉전   천즉산   거국월경이사자   절지야
四達者는 衢地也라. 入深者는 重地也요.
사달자   구지야   입심자   중지야

주 해

• 爲客(위객) : 손님이 된다. 남의 나라에 들어간 군대
• 而師(이사) : 정벌의 길에 들어가다.
• 絕地(절지) : 절망의 땅, 살아오기 어려운 곳
• 四達(사달) : 어디든지 통하는 곳, 사통팔달

11-35

얕게 들어가면 경지(輕地)가 된다.
험준한 고지를 등지고
앞이 좁은 곳은 위지(圍地)이다.
달아날 길이 없으면 사지(死地)가 된다.

행군할 때 나그네가 되는 것은
깊이 들어가면 사병들은
마음이 하나가 되어 단결하고
얕게 들어가면 산만해지기 때문이다.

앞장의 내용과 중복은 되나
문장이 조금 다르게 표현되어
다시 생각하게 하는
중요한 작전 내용이다.

入淺者는 輕地也라. 背固前隘者는 圍地也요 無所往者는 死地也니라.
입천자   경지야   배고전애자   위지야   무소왕자   사지야

주 해

• 背固前隘者(배고전애자) : 등 뒤로 험준한 고지를 지고 앞만 좁은 길로 통하는 곳
• 無所往者(무소왕자) : 나갈 길이 없는 곳, 진퇴양난

11-36

그래서 산지(散地)에서는
병사들 마음이 하나로
뭉치도록 한다.
지형을 알고 작전한다.

경지(輕地)에서는
아군끼리 연락을 서로간에
긴밀하게 해야 한다.
하나로 움직여야 한다.

쟁지(爭地)에서는
적군의 배후로 잠입하여
공격해야 한다.
지형을 작전에 이용한다.

是故로 散地는 吾將一其志요 輕地는 吾將使之屬이요
시고   산지   오장일기지   경지   오장사지속
爭地는 吾將趨其後요.
쟁지   오장추기후

- 一其志(일기지) : 군대의 사기를 통일시키다.
- 使之屬(사지속) : 군대 밀집시켜 민심의 안정을 꾀한다.
- 趨其後(추기후) : 적을 유인한 뒤 그곳을 기습한다.

11-37

교지(交地)에서는 수미를
철저히 하여 허점이 없게 한다.
구지(衢地)에서는 외교로
제3국과의 결속을 단단히 해야 한다.

중지(重地)에서는
군량미 보급이 잘 이어지게 한다.
비지(圮地)에서는 재촉하여
행군하도록 해야 한다.

위지(圍地)에서는 반드시
도주할 틈을 막아야 한다.
지형 작전은 유능한 장수의
필수 과제인 것이다.

交地는 吾將謹其守요, 衢地는 吾將固其結이요,
교지   오장근기수   구지   오장고기결
重地는 吾將繼其食이요,
중지   오장계기식
圮地는 吾將進其塗요 圍地는 吾將塞其闕이요,
비지   오장진기도   위지   오장색기궐

주해

- 謹其守(근기수) : 군대 내부의 연락에 힘쓰다.
- 固其結(고기결) : 평소에 외교를 잘하여 국교(國交)를 잘함.
- 繼其食(계기식) : 식량 징발을 서둘다.
- 塞其闕(색기궐) : 군대 앞을 막아 필사의 뜻을 표시하다.

11-38

사지(死地)에서는
병사들에게 살아남기 어려움을
알려서 결사적으로 싸우게 한다.
싸우지 않을 수 없음을 알게 한다.

병사들의 심리는
포위당하면 방어에
전력을 다하여 싸우고
싸워서 죽겠다는 각오로 한다.

다른 길이 없고 어쩔 수 없이
목숨 걸고 싸우게 한다.
위기에 몰리게 되면
명령을 따르게 되는 것이다.

死地는 吾將示之以不活이니라.
사지   오장시지이불활
故로 兵之情은 圍則禦하고 不得已則鬪하고 過則從이니라.
고   병지정   위즉어   부득이즉두   과즉종

주 해

- 示之以不活(시지이불활) : 결사의 각오를 보이다.
- 圍則禦(위즉어) : 포위되면 방어에 전력한다.
- 過則從(과즉종) : 위기에는 장수의 명령을 따른다.

11-39

이런고로 제후의 책략을
모르는 이는 미리
외교관계를 가질 수 없다.
미리 사귀어 두는 것이 중요하다.

산동이나 험준한 곳이나
늪과 못의 지형을
알지 못하는 이는
사병들을 행군시킬 수가 없다.

이 글은 군쟁편에 나온 말이다.
가까이 있는 제후들의 꾀를
전혀 모르면서 그 지역을
작전하는 것이 어렵다.

是故로 不知諸侯之謀者는 不能預交라.
시고   부지제후지모자   불능예교
不知山林險阻沮澤之形者는 不能行軍이라.
부지산림험조저택지형자   불능행군

─── 주해 ───────────────────────────

• 預交(예교) : 외교관계를 미리 맺는 것
• 沮澤(저택) : 늪과 저수지

11-40

그 지역 사람을
길잡이로 하지 않으면
지형의 이로움을 전혀
얻을 수 없음이 사실이다.

어느 곳이든 지역에 사는
사람만큼 그곳 지형을
잘 아는 자는 없다.
그래서 행군 안내는 향도라야 한다.

길잡이를 잘 만나야 한다.
작전의 성공 여부는 바로
이 길잡이에 달렸기 때문이다.
그 지역이 고향인 사람을 세워야 한다.

不用鄕導者는 不能得地利라.
불용향도자   불능득지리

주│해

• 鄕導(향도) : 그곳을 고향으로 한 안내와 인도자
• 得地利(득지리) : 그 지역의 이로움을 얻다.

11-41

이상의 이 아홉 가지 가운데서
단 하나라도 모르면
패왕(霸王)의 군사가
결코 될 수가 없는 것이다.

4와 5를 합하면 9가 된다.
곧 구지(九地)를 뜻한다.
구지의 법을 모르고서야
어떻게 천하의 패자가 되겠느냐?

그것은 구지 가운데서
어느 하나라도 모르면
그 하나 때문에 결코 천하를
제패할 수는 없는 것이다.

四五者에 不知一이면 非霸王之兵也니라.
사오자　부지일　　　비패왕지병야

주해

• 四五者(사오자) : 구지(九地)를 뜻한다.
• 不知一(부지일) : 어느 하나라도 모르면

11-42

대체로 패왕의 군대가
큰 나라를 쳐들어 가면
그 나라 군대가 미처
집결하기 어렵다.

적에게 위압이 가해지면
그 나라가 다른 나라의
도움을 받을 수가 없게 된다.
적군은 위엄에 눌려 있기 때문이다.

뿐만 아니라 그 위력이
적에게 가려짐에 따라서
상대국의 동맹군도 주저하고
선뜻 나서지 못하는 것이다.

夫霸王之兵은 伐大國이면 則其衆이 不得聚요
부 패 왕 지 병   벌 대 국   즉 기 중   부 득 취
威加於敵이면 則其交 不得合이니라.
위 가 어 적   즉 기 교 부 득 합

주해

• 其衆不得聚(기중부득취) : 군사가 침입군에게 눌려 한 곳에 모이지 못한다.
• 其交不得合(기교부득합) : 친교 있는 나라 군대도 도울 수가 없다.

11-43

그런 때문에 다른 나라와의
외교적 활동에는
더 신경쓰지 않고
강한 국력으로 자신감을 가져라.

천하의 패권을 위하여
다투지 않아야 한다.
동맹국에 의존하지 말고
강국의 권세를 조장 말라.

겉치레에 힘쓰지 말고
자국의 실력을 강조하며
밖으로 눈을 돌리지 말고.
안으로 강국을 도모하여라.

是故로 不爭天下之交하고 不養天下之權이라.
시고   부쟁천하지교   불양천하지권

주 해

• 不爭天下之交(부쟁천하지교) : 일부러 동맹국을 찾지 않는다.
• 不養天下之權(불양천하지권) : 강국의 비호를 받아 권력을 키우지 말라.

11-44

자기 나라의 힘만으로
적에게 위압을 가하라.
그래서 적군의 성을 무너뜨리고
그 나라를 함락시켜라.

천하의 제후를 무너뜨려
원조를 받지 않고도
점령해 나가라!
제후의 권리를 뺏어버려라.

스스로 강국의 길을 찾고
외교로 남의 도움을
의지하지 않아서
자기 나라를 스스로 강하게 하라.

信己之私하고 威加於敵 故로 其城을 可拔이요 其國을 可隳니라.
신기지사   위가어적 고   기성   가발   기국   가휴

주해

- 信己之私(신기지사) : 스스로 자기 실력을 기르도록 힘쓰다.
- 威加於敵(위가어적) : 적에게 위엄을 더하여라.
- 可拔(가발) : 함락시키다.

11-45

싸움을 할 적에는
법에도 없는 상을 내리기도 하고
적당치 않은 명령을
내리기도 한다.

전군을 움직임에는
마치 한 사람 부리듯 한다.
철저히 군령을 살리고
사기도 높도록 해야 한다.

전쟁 중에는 평화 시와 같이
판에 박은 듯한 명령이
그리 통하지 않는다.
보다 강력한 군대로 이끌어라.

施無法之賞하고 懸無政之令이면 犯三軍之衆이 若使一人이니라.
시무법지상   현무정지령   범삼군지중   약사일인

주해

• 無法之賞(무법지상) : 법규에 구애 받지 않고 임기응변의 상을 주기도 한다.
• 無政之令(무정지령) : 비정상적인 명령
• 犯三軍(범삼군) : 삼군을 마음대로 하다.

11-46

병사들은 일을 시켜
움직이게 하여라.
말로만 해서는 안 된다.
전쟁 중에는 말보다 행동이다.

전쟁은 비상시국이다.
그래서 비상한 수단으로
군사를 움직여야 한다.
그래야 적을 이길 수 있다.

부하를 부릴 때는 일을 시키고
말만으로도 움직이지 않는다.
그렇다고 해로운 말로
사기를 손상시켜서는 안 된다.

犯之以事요 勿告以言이며 犯之以利요 勿告以害니라.
범지이사　　물고이언　　　　범지이리　　물고이해

주해

• 犯之以事(범지이사) : 일을 시켜 움직인다.
• 犯之以利(범지이리) : 언제나 유익한 것으로 군대를 이끌고 격려한다.
• 勿告以害(물고이해) : 작전에 불리한 것은 알리지 않는다.

11-47

군대는 멸망의 땅에
몰아넣은 다음에야
팔팔하게 살아남고
더 강하게 일어난다.

죽음의 땅에 빠뜨려진 뒤에
비로소 살아남을 수 있다.
그래서 사병들은
극한 상황에 빠질수록 강해진다.

그런 상황 속에서라야
능히 승부를 가릴 수 있는 것이다.
두드릴수록 더 강해지고
죽고 죽어야 다시 팔팔하게 산다.

投之亡地然後에 存하고 陷之死地然後에 生이라.
투지망지연후   존   함지사지연후   생
夫衆陷於害然後에 能爲勝敗니라.
부중함어해연후   능위승패

주 해

• 投之亡地(투지망지) : 죽음의 땅에 빠지다.
• 爲勝敗(위승패) : 승패를 결정하다.

11-48

그러니 작전은 적이 노리는 바를
확실히 알아내어 적과 맞서더라도
천리 밖에 있는 적장도
능히 죽일 수 있어야 한다.

현대 전쟁같이 총력전이 없던
옛날에는 전쟁나면
온 나라를 동원체제로
이끌어 가야 이길 수 있었다.

선전포고가 되면 나라의
관문을 닫아걸고
사절의 왕래를 막아서
보안을 유지하며 전쟁해야 한다.

故로 爲兵之事는 在於順詳敵之意라. 幷敵一向하야
고   위병지사   재어순상적지의   병적일향
千里殺將이니 此謂巧能成事니라.
천리살장   차위교능성사

주해

• 順詳(순상) : 순종, 적의 의도를 잘 알아내는 것
• 幷敵一向(병적일향) : 적군의 행동에 맞추어 한 걸음 양보하고 적군이 좀 이루도록 한다.
• 千里殺將(천리살장) : 천 리 밖에서도 적장을 죽인다.

11-49

그래서 선전포고를 하는 날에
국경의 관문을 막고
통행을 못하게 하여
사신 왕래를 중지시킨다.

조정에서는 중신들에게
각기 맡은 일에 대한
책임을 맡겨 일하게 한다.
국가의 사무를 중단시키면 안 된다.

전쟁나면 나라 살림을
전쟁 중심으로 이끌어 가고
인간 관리도 전쟁에
연결지어 수행하게 한다.

是故로 政擧之日에 夷關折符하고 無通其使하여
시고   정거지일   이관절부   무통기사
勵於廊廟之上하야 以誅其事라.
여어랑묘지상   이주기사

주│해

• 政擧之日(정거지일) : 선전포고의 날
• 夷關折符(이관절부) : 국경을 폐쇄하고 여권 발부 금지, 출입금지
• 廊廟之上(낭묘지상) : 조정 백관들을 타이르다.
• 誅其事(주기사) : 각자 맡은 일에 책임진다.

11-50

적의 동태에 틈이 보이면
재빨리 첩자를 들여 보내어
먼저 중요 인물을 만나서
밀약을 맺게 한다.

정한 계획을 그대로
실천해 가면서
적의 움직임에 따라서
작전을 수행한다.

적국 요인을 만나 먼저
밀약을 해 놓고서
작전 수행은 변함 없이
철저히 수행하여 이기게 한다.

敵人開闔이면 必亟入之하여 先其所愛하고 微與之期라.
적인개합   필극입지   선기소애   미여지기
踐墨隨敵하야 以決戰事니라.
천묵수적   이결전사

• 亟入之(극입지) : 재빨리 첩자를 적지에 보내다.
• 微與之期(미여지기) : 숨겨진 적의 의도대로 빠진 듯이 행동한다.
• 踐墨(천묵) : 먹줄친 듯 정해진 대로 실행한다.

11-51

그렇게 해서 처음에는
얌전한 처녀같이 보여서
적이 마음 놓고 문 열고
들어서게 만든다.

그랬다가 나중에는
달아나는 토끼처럼
재빨리 달려들어
적이 미처 방어할 수 없게 한다.

그렇게 화급한 상황으로
몰아가서 적이 어찌할 바를 모르고
막아낼 겨를이 없도록
몰아가서 승리하는 것이다.

是故로 始如處女하야 敵人開戶에 後如脫兔하야 敵不及拒니라.
시고   시여처녀   적인개호   후여탈토   적불급거

• 開戶(개호) : 문을 열게 하다.
• 脫兔(탈토) : 덫에서 빠져나와 달아나는 토끼
• 不及拒(불급거) : 미처 막지 못하다.

12
화공편 火攻篇

화공은 전쟁에서 화력무기로
적을 공격하는 작전을 말한다.
사람이 상하고 집이 불타서
전쟁 수행의 큰 비극의 실상이 된다.

훌륭한 장수는 군사 작전에서
가장 중요한 화력 사용을
잘 알고 수행해야 한다.
전쟁의 상처는 불길에서 생긴다.

이롭지 않으면 쓰지 말고
소득 없으면 사용하지 말라.
가장 위태로운 싸움이라고
손자는 타이른다.

12-1

손자가 말했다. 불을 가지고
공격하는 데는 대체로
다섯 가지가 있다.
그 첫째는 사람을 불태우는 것이요,

둘째는 적군이 쌓은 것을
태워버리는 것이요,
셋째는 적의 수송차량을
태워버리는 것이다.

넷째는 적의 창고를
불사르는 것이요,
다섯째는 적 진영을
태워버리는 작전이다.

孫子曰 凡火攻有五하니 一曰火人이요. 二曰火積이요
손자왈 범화공유오   일왈화인   이왈화적
三曰火輜요 四曰火庫요 五曰火隊니라.
삼왈화치   사왈화고   오왈화대

주해

- 火人(화인) : 적의 성채나 적군을 불로 태운다.
- 火積(화적) : 적이 모아서 쌓아둔 물건을 태운다.
- 火輜(화치) : 적의 수송차량을 불태운다.
- 火庫(화고) : 적군의 창고를 태워 버린다.
- 火隊(화대) : 적의 부대나 진영을 불태운다.

12-2

불지를 때는 반드시

그 이유가 있어야 한다.

불태우는 장비는 반드시

평소에 준비해 두어야 한다.

불지를 때는 꼭 알맞은

때가 있으니 알아 두어야 한다.

불길이 타오르는 데는

적절한 날이 있는 것이다.

때를 잘 살펴서

효과 있게 불을

잘 사용해야 한다.

날씨 변동을 알아야 한다.

行火는 必有因이요 煙火는 必素具니라. 發火有時요 起火有日이다.
행화 필유인 연화 필소구 발화유시 기화유일

주 해

- 煙火(연화) : 화공(火攻)의 도구, 불쏘시개
- 必素具(필소구) : 반드시 평소에 준비해 두다.

12-3

그 알맞은 때란 것은

건조한 시기를 말한다.

알맞은 날은

달이 기벽익진에 있는 날이다.

이 네 가지 별자리의 날은

바람이 인다고 믿는 날이다.

기(箕)는 간(艮)에 있어

반드시 동북풍이 분다.

벽(壁)은 건(乾)에 있어

서북풍이 불게 된다.

익진(翼軫)은 28수(宿)의 별자리로

남방하늘로 동남풍이 분다.

時者는 天之燥也요 日者는 月在箕壁翼軫也라.

시자   천지조야   일자   월재기벽익진야

凡此四宿者는 風起之日也라.

범차사숙자   풍기지일야

주해

• 箕, 壁, 翼, 軫(기벽익진) : 별 이름, 28수의 하나씩이다. 천문학적 성상(星象)으로
  이 별자리가 있는 달은 바람이 반드시 불게 되니 화공의 때이다.

12-4

화공법에서는 꼭 이 다섯 가지의
불의 변화에 따라서
알맞게 대처해야 하는 것이다.
첫째로 불이 적 진영에서 나는 것이다.

그러면 곧바로 진영 밖에서
그에 호응한 화공을
해야 한다. 적 진영 밖에서
반드시 적절한 대응책을 한다.

적진 안에서 불이 났는데도
혼란이 없고 조용하면
조금 기다리며 상황을 주시하고
대응책을 실현해야 한다.

凡火攻은 必因五火之變하야 而應之니라.
범화공   필인오화지변   이응지
火發於內면 則早應之於外요.
화발어내   즉조응지어외

주 해

• 五火(오화) : 화공작전의 실제
• 早應(조응) : 재빨리 대응한다.

12-5

둘째로 적 진영이 불타고
있는데도 소란하지 않고
조용하다면 좀 기다려야 한다.
그리고 상황변화에 대응한다.

불길이 사나워졌을 때는
공격 여부를 심사숙고한 끝에
조용히 결정하고
수행해야 하는 것이다.

화공에는 반드시 바람을
잘 이용해야 한다.
바람 이용이 화공의
성공 여부를 결정짓는다.

火發而其兵이 靜者는 待而勿攻이요 極其火力하야
화발이기병   정자   대이물공   극기화력
可從而從之요 不可從而止니라.
가종이종지   불가종이지

주｜해

- 極其火力(극기화력) : 불길이 가장 셀 때
- 從(종) : 불길에 따라서

236

12-6

셋째로 적진 밖에서 불을 지를 수 있다면
불길이 적진 안에서 일어나기를
기다리지 말고 반드시
제때에 불을 질러야 한다.

넷째로 바람이 불어오는 쪽에서
불이 났을 때는 반드시
바람의 방향을 찾아서
공격하지 말아야 한다.

바람이 상풍(上風)이냐
하풍이냐 낮 바람이냐
밤바람이냐에 따라서
그에 알맞은 작전을 펴야 한다.

火可發於外요 無待於內니 以時發之니라.
화가발어외   무대어내   이시발지
火發上風이면 無攻下風이라.
화발상풍   무공하풍

주|해

• 火可發於外(화가발어외) : 적진 밖에서 불이 났다면
• 無待於內(무대어내) : 안에서 불 나기를 기다리지 말고
• 火發上風(화발상풍) : 바람 부는 쪽에서 불이 나다.

12-7

다섯째로 낮에 오랫동안
바람이 불면, 밤에는
대개 바람이 그친다.
군대는 이 다섯 가지를 알아야 한다.

불의 변화 다섯 가지를
잘 파악하여 이것을
술수(術數)로 하여
스스로를 지켜 나가야 한다.

고대에는 화공이 대단한
전술이었고 그 결과도 대단했다.
손자는 화공법을 매우 중요시 하여
그 대비하는 요령도 말했다.

晝風久면 夜風止니라. 凡軍은 必知有五火之變하고 以數守之니라.
주풍구   야풍지   범군   필지유오화지변   이수수지

주 해

• 風久(풍구) : 바람이 오래 불다.
• 凡軍(범군) : 모든 군사는
• 數(수) : 술계(術計)

12-8

그래서 불을 가지고 공격을 하려면
슬기로워야 한다. 그리고
물로 공격을 도우려면
더 강인해야 한다.

물로써는 적을 가로막고
차단할 수는 있지마는
전혀 빼앗을 수는 없다.
물을 공격 수단으로 삼은 것이다.

물로 공격하는 것이
불 공격법보다는 뒤진다.
불길 공격은 모든 것을 잿더미로
만들어서 재기 불능 상태가 된다.

故로 以火佐攻者는 明하고 以水佐攻者는 强이니라.
고   이화좌공자   명   이수좌공자   강
水可以絶이나 不可以奪이니라.
수가이절   부가이탈

12-9

싸움에서 이기고
공격으로 빼앗았다 해도
그 공로를 정리하지 않으면
그 승리는 흉측하게 보인다.

이런 경우를 일컬어
물자 낭비하고
병사들을 싸움터에
그대로 남겨둔 비류라 한다.

그러니 국가에 유익이 없으면
싸우지 말아야 한다.
국가 존립 위기가 아니면
선전포고를 하지 말아야 한다.

夫戰勝攻取하대 而不修其功者는 凶이니 命曰費留라.
부전승공취   이불수기공자   흉   명왈비류

추 해

• 攻取(공취) : 적진을 공격하여 빼앗는다.
• 費留(비류) : 낭비하고 병사를 남겨두다.

12-10

그런고로 현명한 임금은
이럴 때 깊이 생각한다.
훌륭한 장수는
이것을 잘 수련한다.

다스리는 이는 군 장병이
전쟁터에서 세운
공로를 포상하여 격려하는
도량과 슬기를 지녀야 한다.

작전에 있어서는
오직 한 가지 마지막 전과를 두고
포상을 잘하고
병사들을 격려해 주어야 한다.

故로 日 明主는 慮之하고 良將은 修之니라.
고   왈 명주   여지   양장   수지

12-11

이익이 되지 않으면
군대를 움직이지 말고
소득없이 군대를
사용하지 말아야 한다.

위기가 아니면 결코
전쟁해서는 안 된다.
군사 사용에는 언제나
국가의 유익을 생각해야 한다.

겉으로는 잘하는 것 같아도
결국은 자기 무덤을 파고
나라의 존립에 기본을 두고
군대 이동을 해야 한다.

非利不動하고 非得不用하며 非危不戰이라.
비리부동   비득불용   비위부전

주 해

• 非利(비리) : 나라의 이익 없이는
• 非得(비득) : 소득이 없이는
• 非危不戰(비위부전) : 위태롭지 않을 때는 전쟁하지 말라.

12-12

임금은 자신의 노여움 때문에
군대를 일으켜서는 안 된다.
장수도 화가 난다고
전투를 시작해서는 안 된다.

이익에 합당하면
행동에 옮겨 싸우고
이익에 맞지 않으면
군사를 일으켜서는 안 된다.

전쟁은 인명과
물자의 손실이 크고
나라에 큰 부담이 되니
늘 신중하게 해야 한다.

主不可以怒而興師요 將不可以慍而致戰이라.
주불가이노이흥사   장불가이온이치전
合於利而動이요 不合於利而止니라.
합어리이동   불합어리이지

주 해

• 以怒而興師(이노이흥사) : 노여움 때문에 군사를 일으키다.
• 以慍(이온) : 노여움 때문에
• 而止(이지) : 아니 한다.

12-13

노여움이 다시 기쁨이
될 수도 있고
성냄이 다시 즐거움이
될 수도 있는 것이다.

망한 나라는 그러나
다시 일어서기가 어렵고
죽은 사람은 아무래도
다시 살아날 수가 없다.

전쟁을 바로 알고 보면
여러 번 이겼다 해도
오히려 피폐해진 나라는
위기에 빠지기 쉽다.

怒可以復喜요 慍可以復悅이라.
노가이부희   온가이부열
亡國은 不可以復存이요 死者는 不可以復生이라.
망국   불가이부존   사자   불가이부생

• 復悅(부열) : 다시 즐거워진다.
• 復存(부존) : 다시 세워진다.
• 復生(부생) : 다시 살아난다.

12-14

그런고로 슬기로운 임금은
이를 삼가 행한다.
훌륭한 장수는 반드시
이를 경계해야 한다.

곧 나라를 안전하게
유지하도록 힘써야 하고
군대를 보전하는 것을
먼저 생각하는 방도를 한다.

전쟁은 정책 수단으로
잘 집행해야 한다.
감정 때문에 생기는
그릇된 주장은 버려야 한다.

故로 明君은 愼之하고 良將은 警之니 此安國全軍之道也니라.
고   명군   신지   양장   경지   차안국전군지도야

주해

- 愼之(신지) : 삼가야 한다 .
- 警之(경지) : 꼭 경계해야 한다.
- 全軍(전군) : 군대를 보전한다.

13

용간편 用間篇

전쟁에서는 간첩활동 없이
승리할 수가 없는 것이 현실이다.
손자병법 전체가 바로
이 간첩작전과 관계 있다.

적을 알고 나를 알아야
반드시 백 번 싸워도
백 번 이긴다 한 것은
바로 첩보전쟁을 말한다.

군대는 사람이 움직인다.
사람을 알아야
전쟁을 이길 수 있는 것이다.
그것이 바로 간첩작전이다.

13-1

손자는 말했다. 대개
10만의 군대를 동원하여
천 리를 전쟁하러 간다면
백성의 비용이 많이 날 것이다.

정부는 군사비가 자그마치
매일마다 천금이나
소비될 것이다.
군대 이동은 그만큼 비용이 든다.

그러니 반드시 깊이
생각에 생각을 거듭해야 한다.
10만 대군의 이동에는
그만큼 비용이 크게 들기 때문이다.

孫子曰 凡興師十萬이요 出征千里면 百姓之費와
손자왈 범흥사십만   출정천리   백성지비
公家之奉이 日費千金이요.
공가지봉   일비천금

주해

- 百姓之費(백성지비) : 백성이 내는 돈, 군사비 지출
- 公家之奉(공가지봉) : 국내 제후들의 부담, 정부 부담금
- 日費(일비) : 매일의 경비

13-2

한 나라의 안팎이
소란하게 움직이며
백성 가운데서는
물자 수송에 지치고 말 것이다.

그래서 생업에
종사하지 못하는 이들이
70만 호나 될 것이다.
8가구 1조로 하고 1가구는 종군한다.

그러니 10만 명 징집이면
70만 가구가 생업에
종사 못하는 결과가 된다.
그만큼 국민의 희생이 따른다.

內外騷動이며 怠於道路하야 不得操事者 七十萬家이니라.
내외소동   태어도로   부득조사자 칠십만가

주 해

• 怠於道路(태어도로) : 군대 수송 때문에 폐업할 가정이 이렇게 많이 생긴다.
• 不得操事者(부득조사자) : 가사(家事)를 돌보지 못한다.

13-3

이런 형편으로 버티기를
몇해 동안 한다 해도
승패는 단 하루 정도만에
끝장이 나는 것이다.

그런데도 불구하고
벼슬과 봉록으로만 주는
백금(百金)을 아껴 쓰는데도
적정을 모르면 어질지 못한 짓이다.

나라가 클수록 비용은
크게 쓰게 된다.
그러기에 전쟁 비용은
어찌할 수가 없이 많이 드는 것이다.

相守數年하야 以爭一日之勝이라.
상수수년   이쟁일일지승
而愛爵祿百金하야 不知敵之情者는 不仁之至也라.
이애작록백금   부지적지정자   불인지지야

• 相守(상수) : 마주보며 서로 버티다.
• 百金(백금) : 봉록 액수
• 不仁之至(불인지지) : 매우 어질지 못하다.

13-4

이런 인물은 남의 장수가
아닌 것이다. 그리고
임금을 보좌할 수도
없는 인물인 것이다.

승리를 감당할 수는
더더욱이 없는 것이다.
첩보활동에는 그만큼
그만한 인물이 되어야 한다.

역사상 유명한 장군의
승리도 알고 보면
다 첩보전의 성공에
달려 있었음이 드려난다.

非人之將也요 非主之佐也요 非勝之主也니라.
비인지장야   비주지좌야   비승지주야

주해

• 主之佐(주지좌) : 임금감인 인물
• 勝之主(승지주) : 승리의 주체

13-5

슬기로운 임금과 훌륭한 장수는
기동하여 적을 물리치고
승리하여 남보다 더
탁월한 공로를 이룬다.

이 승리는 적정을 정확히
알고 싸운 때문이다.
그것은 첩보작전에
성공했기 때문이다.

수십만의 원군 못지 않게
첩보활동은 적을
잘 알게 했기 때문에
승리할 수가 있는 것이다.

故로 明君賢將이 所以動而勝人하고 成功이 出於衆者는 先知也라.
고   명군현장   소이동이승인   성공   출어중자   선지야

• 出於衆(출어중) : 무리 가운데서 뛰어난 것
• 先知(선지) : 선견(先見)자, 적의 정세를 먼저 안다.

13-6

적정을 먼저 아는 것은
귀신에게 알아본 것도 아니다.
일을 하다가 터득한 것도 아니다.
점을 치면 아는 것도 아니다.

당연히 간첩 이용으로
승기를 잡는 것은
적의 상황을 잘 알고
작전을 하기 때문이다.

그러니 간첩작전은
예나 이제나 아주 중요한
승리의 실제를 가져 오는
가장 중요한 길이다.

先知者는 不可取於鬼神이요 不可象於事요.
선지자   북가취어귀신   불가상어사

주 해 ────────────────────────────────●

• 不可象於事(불가상어사) : 다른 경험에서 본받을 수 있는 것이 아니다.

13-7

어떤 경험으로 알게 된 것도
다른 법칙에 따라 깨달은 것도
물론 아니다. 이는 반드시
적에게서 얻어낸 것이다.

적의 실정을 잘 아는
간첩을 통해서 알아내는
그 길만이 적을 정확한 정보로
작전하여 이길 수 있게 한다.

간첩 활용은 가장 확실하고
가장 적은 비용으로 작전에
적극 활용하여 승리하는 방법이다.
그래서 첩보활동은 매우 중요하다.

不可驗於度하며 必取於人하야 知敵之情者也니라.
불가험어도   필취어인   지적지정자야

주 해

• 驗於度(험어도) : 법칙에 의해 알아내다. 여기서 도는 천체도(天體圖)다. 천문관측이다.
• 取於人(취어인) : 적재적소의 인물로 최선을 다하다.

13-8

그런고로 간첩작전에는
다섯 가지가 있다.
향간(鄕間), 내간(內間),
반간(反間), 사간(死間).

그리고 생간(生間)이 있다.
간첩은 적의 안팎의 허실(虛實)을
잘 알고 있는 사람이다.
그래서 그것이 작전에 이용이 된다.

이 다섯 가지 간첩은
그 출신이나 입장에 따라서
역할이 서로 다른 상황이다.
간첩은 이용 가치에 따라 역할이 다르다.

故로 用間이 有五하니 有鄕間하고 有內間하고
고 　용간　유오　　유향간　　　유내간
有反間하고 有死間하고 有生間이다.
유반간　　　유사간　　　유생간

• 用間(용간) : 간첩작전

13-9

다섯 가지의 간첩을
한꺼번에 활동을 시킨다 해도
적은 그것을 모르고 지나간다.
이것을 신령한 작전이라 한다.

이런 일은 임금의
보배로운 사건이 된다.
간첩활동이 다섯 가지나
동시에 일어나니 알 수 없다.

임금과 장수가 현명하면
작전을 어떻게 하고
간첩활동을 어떻게 이용할지를
잘 알고 있는 것이다.

五間이 俱起하와 莫知其道라. 是謂神紀니 人君之寶也니라.
오간　구기　　막지기도　　시위신기　　인군지보야

주해

• 俱起(구기) : 동시에 일어난다. 일이 생긴다.
• 莫知(막지) : 모른다.
• 神紀(신기) : 기는 다스림, 경영한다는 뜻. 즉, 신이 경영하는 놀라운 재간이다.

13-10

향간(鄕間)은 그 고향 사람을
간첩으로 꾀어 이용하는 것이다.
그 지방 출신이라 지리나
인적 구성 등을 잘 아는 사람이다.

향간을 인간(因間)이라고도 한다.
아군이 주둔한 현지의
출신 사람을 하나 선정하여
정보를 캐내는 것이다.

토착민의 이점을 살리고
그곳 사정을 소상하게 잘 아는
향간은 어떤 위협이 있더라도
반드시 필요한 인물이다.

鄕間者는 因其鄕人而用之니라.
향간자   인기향인이용지

주 해

• 鄕人(향인) : 토착민
• 用之(용지) : 간첩으로 매수하여 쓰다.

13-11

내간(內間)은 적국에서
공직자로 근무한 사람을
간첩으로 만들어 쓴다.
이용 가치가 높다.

적국의 벼슬아치를 하나 선정하여
간첩 직무를 맡겨서
이용하는 작전이다.
적국의 매국노를 만드는 것이다.

공직에서 직무에 관련된
좋은 정보를 빼내어
적국의 내부 사정을
깊이 있게 근사하여 이용한다.

內間者는 因其官人而用之니라.
내간자   인기관인이용지

• 官人(관인) : 적국의 관리, 벼슬아치. 간첩으로 이용하기 위해 많은 상과 후한 봉록(俸
祿)을 준다.

13-12

반간(反間)은 적의 간첩을
잡아 역이용하는 것이다.
말하자면 이중간첩을
만들어 간첩작전을 한다.

적에게 포섭되어
간첩이 된 사람을
붙잡아 호사하여
다시 간첩 직무를 맡긴다.

위장(僞裝)된 수단으로
근사한 중에 연관된
내용으로 간첩작전을
펴서 이용하면 놀라운 효과를 본다.

反間者는 因其敵間而用之니라.
반간자   인기적간이용지

•敵間(적간) : 적국의 간첩. 이를 이중간첩으로 역이용한다.

13-13

사간(死間)은 밖에서 속여
아군 간첩을 시켜서
적에게 알게 해 주도록 한다.
이때 적의 간첩에게 정보를 흘린다.

교묘한 방법으로
아군 간첩을 속이고
이 간첩이 적에게 잡히게 하여
거짓 정보를 적에게 준다.

적이 속았다는 것을
다 알게 되면 이 간첩을
죽여버리므로 사간이라 한다.
간첩을 희생시켜 작전을 교란한다.

死間者는 爲誑事於外하고 令吾間知之하야 而傳於敵間也니라.
사간자　위광사어외　　영오간지지　　이전어적간야

주해

• 爲誑事(위광사) : 사실을 속인다.
• 傳於敵(전어적) : 적에게 허위 정보를 제공하다. 적이 결국은 속은 것을 안다.

13-14

생간(生間)은 간첩으로
적 진지에 들어 갔다가
살아서 되돌아 와서
보고를 한다.

적지를 종횡하며 수집한
정보를 돌아와서 보고하면
아군 작전에는 절대적인
효과를 가지는 것이다.

징기스칸은 티베트를 출입하는
상인들을 간첩으로 이용하여
쉽게 서역을 점령하니
그의 위대한 무훈도 간첩 덕분이었다.

生間者는 反報也니라.
생간자   반보야

주 해

• 反報(반보) : 되돌아 와서 적국의 실정을 보고하다.

13-15

그런고로 전군에 있어서
일들 가운데 간첩과의
관계보다 더 긴밀한
내용은 없는 것이다.

상 줄 때는 간첩보다 더
후한 상을 줄 사람이 없다.
해야 할 일 가운데서
간첩보다 더 요긴한 기밀이 없다.

소련 간첩 리하르트 조르게는 크게 성공한 간첩이었다.
나치 당원과 독일 신문 기자 일본 특파원으로
도쿄의 독일대사 옷토의 신임을 받아
일본군이 동남아로 작전 변경한 군을 러시아에 보고했다.

故로 三軍之事는 莫親於間이요 賞莫厚於間이요 事莫密於間이니라.
고   삼군지사   막친어간   상막후어간   사막밀어간

주해

• 莫親(막친) : 더 친밀한 이는 없다.
• 莫密(막밀) : 더 큰 비밀은 없다.

13-16

성자의 지혜가 없으면
간첩을 쓸 수 없다.
인의가 없으면 간첩을 부리거나
이용할 수 없다.

또 미묘한 곳을
살필 줄 모르면
간첩 역할의 효과를
능히 거둘 수가 없다.

적의 실상을 살피는 일은
대개 희생이 따르게 된다.
첩보활동의 실무자는
철저한 사명감이 있어야 한다.

非聖智면 不能用間이요 非仁義면 不能使間이요
비성지　　불능용간　　　비인의　　불능사간
非微妙면 不能得間之實이니라.
비미묘　　불능득간지실

13-17

미묘하고 또 미묘하다.
간첩이 이용하지 않는
그런 곳은 없다.
실제 수집된 정보를 검토해야 한다.

그래서 남다른 지혜가
반드시 있어야 한다.
판단력에 따라서
그 진위를 확인할 수 있다.

간첩전쟁은 사람이
죽고 사는 심각한 문제이고
전쟁에서는 승패를
결정짓는 심각한 작전이다.

微哉微哉에 無所不用間也라. 間事未發而先聞者는
미재미재   무소불용간야   간사미발이선문자
間與所告者 皆死니라.
간여소고자 개사

주│해

• 間事未發(간사미발) : 간첩작전으로 알게 된 내용이 미리 새어 나간다면
• 所告者(소고자) : 기밀을 누설해서 남에게 알린 사람

13-18

대개 공격작전을 펴는 군대나
공략하려는 성이나
꼭 죽여야 하는 인물에
대해서는 먼저 작전을 준비한다.

그 수비하는 장수나
그 부관이나 연락관을 조사하고
그뿐 아니라 그곳 문지기나
일꾼들 이름까지도 알아둔다.

이런 것을 위해서는
아군 간첩에게 시켜서
꼭 알아내도록 반드시
명령해야 하는 것이다.

凡軍之所欲擊과 城之所欲攻과 人之所欲殺은 必知其守將
범군지소욕격   성지소욕공   인지소욕살   필지기수장
左右 謁者 門者 舍人之姓名하야 令吾間으로 必索知之니라.
좌우 알자 문자 사인지성명   영오간   필색지지

주|해

• 欲擊(욕격) : 공격작전
• 左右(좌우) : 부관들, 측근들
• 謁者(알자) : 연락관, 당번
• 門者(문자) : 문지기
• 舍人(사인) : 막노동자, 일꾼

13-19

반드시 우리를 탐색하는
적군 간첩을
꼭 찾아내야 한다.
이익을 주고 꾀어 인도한다.

그리고 그를 편히 쉬게 하고
그렇게 하여 반간을 얻어
다시 쓸 수 있도록 하는 것이다.
간첩작전의 기본이다.

적의 간첩을 사로 잡아
후히 대접하고 숙소를 정해 주고
편히 쉬며 안정시킨 다음
반간으로 사용한다.

必索敵間之間來間我者하야 因而利之하고 導而舍之라.
필색적간지간래간아자   인이리지   도이사지
故로 反間을 可得而用也니라.
고   반간   가득이용야

주|해

• 間我者(간아자) : 우리 군사 사정을 정찰하는 간첩활동을 하는 자
• 因而利之(인이리지) : 이것을 이용하여 이롭게 함.
• 導而舍之(도이사지) : 안내하여 숙소를 마련해 주다.

13-20

이 간첩 때문에
적의 실정을 알게 된다.
그 때문에 향간과
내간을 얻어서 쓸 수 있다.

적의 간첩활동을 먼저 알고
그것으로 적국의 실정을 알게 된다.
이렇게 하여 향간을 얻고
또 내간도 얻는 소득이 있다.

간첩작전은 끝없는
속임수와 능란한 수완으로
간첩을 잡아서
역이용하는 것이다.

因是而知之라. 故로 鄕間과 內間을 可得而使也니라.
인시이지지   고   향간   내간   가득이사야

• 因是而知之(인시이지지) : 반간(反間)으로 조사하여 적의 실정을 알게 되다.

13-21

이 간첩으로 하여
여러 가지 일을 알게 된다.
사간에게 허위 정보로
적을 속인 것이다.

이 간첩으로 하여
적의 실정을 알게 되므로
생간을 보내어
제 날짜에 돌아오게 한다.

돌아와서 적의 실정을
낱낱이 보고하게 한다.
간첩작전에는 이것이
꽃이라 할 수 있다.

因是而知之라. 故로 死間이 爲誑事하야 可使告敵이니라.
인시이지지   고   사간   위광사   가사고적
因是而知之라. 故로 生間을 可使如期니라.
인시이지지   고   생간   가사여기

13-22

다섯 가지 간첩의 일은
임금이 반드시 이것을 알아야 한다.
그 아는 것은 반드시 반간에 있다.
그 때문에 반간을 후히 대접한다.

다섯 가지 간첩의 활동과
그 보고는 반드시 임금이
친히 아셔야 하는 것이다.
그래야 거기에 따른 작전이 나온다.

간첩활동을 아는 것은
반드시 반간 덕분이라 할 수 있다.
이 반간이 아니고서는
모든 단서(端緒)를 얻어내지 못한다.

五間之事는 主必知니 知之는 必在於反間이라.
오간지사 주필지지   지지   필재어반간
故로 反間은 不可不厚也니라.
고   반간   불가불후야

• 在於反間(재어반간) : 반간에게 있다.
• 不可不厚(불가불후) : 후하게 대접하지 않을 수 없다.

13-23

옛날에 은나라가 일어났을 때
이지(伊摯)는 하나라에 있었다.
주나라가 일어났을 때
여아(呂牙)는 은나라에 있었다.

그러니까 하나라가 망하고
은나라가 세워진 것이
현명한 신하 이윤(伊尹)이
있었기 때문이었다.

당시 폭군 걸왕이
천하에 학정으로 괴롭힐 때
보고 들은 것을 낱낱이
탕왕에게 알리고 도왔던 것이다.

昔殷之興也에 伊摯在夏요 周之興也에 呂牙在殷이라.
석은지흥야   이지재하   주지흥야   여아재은

 주해

- 伊摯(이지) : 이윤이다, 상나라 16대왕 성탕(成湯)시대 재상, 하나라 농사꾼으로 성탕
  이 세 번이나 초청해 감동하여 왕을 도와 걸왕을 토벌했다.
- 呂牙(여아) : 강태공이다. 본명 여상(呂尙), 주나라 무왕을 도와 은나라를 공략, 천하통
  일한 정치가

270

13-24

그러니 명군(明君)과 현장(賢將)만이
최고 지혜로 간첩을 쓰면
반드시 큰 공을 세운다.
폭군 국왕의 악랄한 학정을 보았다.

이것이 군사의 작전의
요점임에 틀림 없었다.
전체 군대가 믿고
움직이는 바가 되었다.

간첩 사용이 승리의 방법으로
최선이었음을 밝힌 것이다.
이 장에서 다섯 가지 간첩으로
때를 따라 적절히 쓰면 이긴다 했다.

故로 惟明君賢將이 能以上智로 爲間者는 必成大功이니
고   유명군현장   능이상지   위간자   필성대공
此는 兵之要요 三軍之所恃而動也니라.
차   병지요   삼군지소시이동야

주해 ————————————————————————

• 上智(상지) : 최고의 지혜, 지능자
• 所恃而動(소시이동) : 믿고 움직인다.

시로 풀어쓴 **손자병법**

초판 인쇄 2016년 9월 10일
초판 발행 2016년 9월 20일

지은이 손자
엮은이 전재동
펴낸이 박찬후
기획 성기덕
편집 배현정
디자인 노은주
펴낸곳 북허브
등록일 2008. 9. 1

주소 서울시 구로구 구로중앙로 27다길 16
전화 02-3281-2778
팩스 02-3281-2768
e-mail book_herb@naver.com
까페 http//cafe.naver.com/book_herb

*잘못된 책은 구입하신 서점에서 교환하여 드립니다.

값 14,000원
ISBN 978-89-94938-27-1(03150)